PHARASIUS

LE PARLEMENTARISME AUX ABOIS

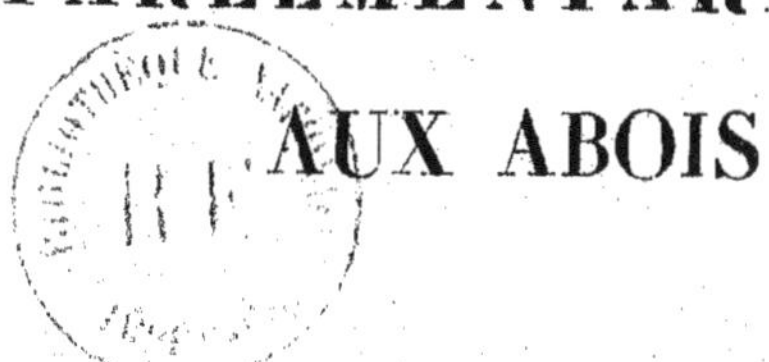

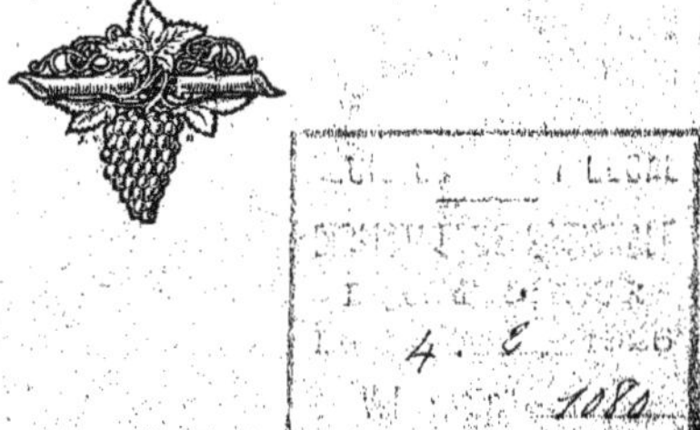

PARIS
P. ROUX DELISLE, ÉDITEUR
14-16, Boulevard Barbès, 14-16
1926

DU MÊME AUTEUR

UN COIN DU VOILE

Étude philosophique sur la recherche de la Vérité . . . . **12 fr.**

LA SCIENCE ET LE SPIRITISME
JÉSUS ET SA MISSION

Conférences faites à la Société Allan Kardec **2 fr. 50.**

LA BOUSSOLE

Essai de mystique rationnelle . . . **(En préparation).**

L'ÉGALITÉ SOCIALE

Étude sociologique . . . . **6 fr.**

L'ÉGALITÉ SOCIALE

Extraits . . . . **1 fr.**

RÉORGANISATION SOCIALE

Étude politique . . . . **6 fr.**
Conférences publiques faites à Montmartre avant les élections de 1914.

EN VENTE A PARIS :

Chez PAUL LEYMARIE, Libraire-Editeur

42, Rue Saint-Jacques

PARIS. — IMP. RAMLOT ET Cie, 52, AVENUE DU MAINE. — 26.

PHARASIUS

LE PARLEMENTARISME AUX ABOIS

PARIS
P. ROUX DELISLE, ÉDITEUR
14-16, BOULEVARD BARBÈS, 14-16

1926

La Finance et la Politique

DEPUIS LE MOYEN AGE JUSQU'A NOS JOURS

Conférence faite le 24 mars 1925, Salle de l'Indépendance, 48, rue Duhesme, Paris (18e).

(Ma campagne électorale en 1914.)

Citoyennes, Citoyens,

Déjà, en 1914, je me suis attaqué au capitalisme, qui exploite les ouvriers et les intellectuels, et, candidat aux élections législatives dans cet arrondissement, j'ai dénoncé, tant dans mes conférences qu'au cours de ma campagne électorale, le péril que faisait courir à la République la Constitution démodée de 1875 qui nous régit : celle-ci, loin d'être républicaine, en effet, comme beaucoup semblent le croire, est tout à fait monarchique, au contraire, puisqu'elle confère au Président des pouvoirs de monarque constitutionnel, comme ceux de disposer de la force armée, de dissoudre la Chambre d'accord avec le Sénat, d'user du droit de grâce, enfin de nommer à tous les emplois civils et militaires, érigeant ainsi le honteux principe du favoritisme en institution d'Etat; j'ai fait, à ce moment, le procès de la politique de parti, et j'ai proposé un plan de réorganisation sociale, basé, d'une part, sur l'organisation professionnelle au point de vue social, d'autre part, sur la représentation professionnelle au point de vue politique; enfin, j'ai donné les articles d'une nouvelle

Constitution républicaine ainsi qu'un certain nombre de projets de lois que j'ai intitulés : « Lois de salut public et de transformation sociale » (1).

Vous voyez que mon programme était complet.

Ceci se passait, avant la guerre, au commencement de 1914.

Inutile de vous dire, n'est-ce pas, que l'on m'a pris pour un illuminé. Je n'avais pas de Comité pour me soutenir, en effet, ni de bureaux de propagande, et j'agissais seul.

Mon langage, cependant, était si dissemblable de celui que tenaient les innombrables candidats qui se présentaient alors, que l'on m'a écouté tout de même : les sourires et murmures moqueurs, avec lesquels j'étais généralement accueilli, faisaient assez vite place à l'étonnement et à l'attention, et ma campagne s'est poursuivie sans incidents.

Le résultat du scrutin a été, pour moi, magnifique : j'ai trouvé le moyen d'obtenir 72 voix au premier tour, et 90 au second, sur plus de 20.000 électeurs, ce qui est vraiment remarquable pour un philosophe : vous savez, en effet, qu'un homme digne de ce nom ne s'abaisse jamais à flatter ses auditeurs, mais dit ce qu'il pense, et ce qu'il croit être juste pour le bien de l'humanité, obéissant uniquement à sa conscience, en bon serviteur de la vérité.

Dans tous les cas, cette campagne philosophique de 1914 a pleinement réussi, et le grain semé a bien levé et mûri, puisque tout le monde ne parle plus que d'organisation et de représentation professionnelles aujourd'hui.

(Le Parlement à la solde de la Finance Internationale.)

Je n'ai pas pu me présenter en 1919, ni en 1924, parce que le système électoral a été changé et que

(1) Pharasius, « *Réorganisation Sociale* », en vente chez Paul Leymarie, libraire-éditeur, 42, rue Saint-Jacques, à Paris.

le scrutin d'arrondissement a été remplacé par le scrutin de liste.

Nos parlementaires, en effet, dont l'incapacité a été si notoire pendant la guerre, étaient tellement sûrs, en 1919, de ne pas être renommés, s'ils se représentaient individuellement devant les électeurs mécontents et désabusés, qu'ils ont d'abord prolongé la durée de leur mandat, au mépris des lois constitutionnelles et des droits sacrés du peuple français, fait inouï dans un état démocratique, puis, un peu avant les élections, ont voté le retour pur et simple à l'ancien système électoral du scrutin de liste, qu'ils avaient justement, autrefois, condamné, pour éviter les surprises du scrutin d'arrondissement qui leur aurait été inévitablement fatal; de cette façon, ils ont éliminé tous les indépendants et autres candidats susceptibles de se présenter contre eux devant le suffrage universel ; ils ont dressé des listes savamment présentées, en faisant figurer à côté d'eux les noms de leurs amis qui n'avaient jamais pu arriver jusqu'alors à se faire élire, et, par cet habile tour de passe-passe, ont conservé l'assiette au beurre en étranglant la liberté.

Ceci nous a valu le *bloc national!*

En 1924, le *bloc national* s'est, de la même façon, camouflé en *cartel des gauches*, et il y a bien été obligé, sans quoi la plupart des anciens députés n'auraient pas été non plus renommés.

Malheureusement, le cynisme de certains parlementaires a dépassé toute mesure, car tout le monde sait, aujourd'hui, quel rôle, dans les élections dernières, a joué l'argent étranger!

Qu'un parlementaire se vende au capitalisme, c'est son droit ; si le capitalisme est national, il n'y a rien à dire, on ne peut que blâmer le vendu, si l'on n'a pas les mêmes idées; mais si le capitalisme est étranger, c'est une autre affaire, il y a danger, dans ce cas, pour la nation tout entière qui a été trompée : car il est bien évident que les électeurs quand ils ont envoyé au Parlement un député pour les représenter, ont entendu que ce dernier s'occupât exclusivement de leurs intérêts généraux et particuliers, mais, ils ne l'auraient certainement jamais élu, s'ils avaient su que le candidat n'était dans l'espèce, qu'un véritable agent appointé de l'étranger, c'est-à-dire un traître à son pays.

Depuis l'armistice, d'autre part, nos relations avec les puissances étrangères sont tellement tendues, et de tels intérêts sont en jeu, qu'avec un Parlement comme celui que nous avons nous risquons de disparaître tout simplement, pour peu que les intérêts des voisins soient mieux défendus que les nôtres.

Il est donc de toute nécessité de s'organiser contre l'ennemi commun, c'est-à-dire le parlementarisme, qui va nous faire la loi jusqu'en 1928, sans que nous puissions rien dire, puisque cette déplorable constitution de 1875, qui nous autorise à changer les membres du Parlement tous les quatre ans, seulement, ne nous donne pas le droit de contrôler leurs actes pendant la législature, et ne nous permet pas davantage de mettre à la porte les mauvais serviteurs, c'est-à-dire ceux qui sont malhonnêtes, ou font mal leur service!

Les électeurs, d'ailleurs, sont tellement mécontents de ce qui se passe, du camouflage des élections et de l'incapacité gouvernementale à résoudre les problèmes sociaux que, pour donner un semblant de satisfaction à l'opinion publique, députés et sénateurs parlent déjà de condamner à nouveau le scrutin de liste pour revenir au scrutin d'arrondissement, système électoral plus propre; ils en parlent, mais rien n'est encore fait; pour ma part, je n'ai pas très confiance dans cette nouvelle promesse; dans quelque temps ils en parleront moins; ensuite, ils n'en parleront plus, et, aux élections prochaines, ils sauront bien trouver quelque système nouveau et savant, quelque combinaison inattendue, qui leur permettra de conserver encore leurs places en éliminant les indépendants.

Dans tous les cas, pour mon compte personnel, je n'attendrai pas le retour problématique du scrutin d'arrondissement pour poser à nouveau ma candidature, et, si je n'ai pas pu figurer sur des listes en 1919 et 1924, en ma qualité d'adversaire de la politique de parti, je vais du moins profiter des moments troublés que nous traversons pour commencer, dès maintenant, ma nouvelle campagne électorale, et, continuant la lutte que je n'ai pas craint d'engager contre la toute puissance capitaliste, je vais, dès aujourd'hui, vous indiquer le moyen pacifique et légal par lequel j'estime qu'il est possible, et je dirai même facile, de la briser.

Trois conférences me seront nécessaires pour traiter mon sujet : la première portera sur une petite étude des rapports de la Finance avec la politique depuis le moyen âge jusqu'à nos jours;

La seconde envisagera la situation qui nous a été faite avant, pendant et après la guerre par les parlementaires, les très humbles et très obéissants serviteurs du capitalisme;

La troisième, enfin, traitera des moyens de sortir des difficultés contre lesquelles nous nous débattons par l'exposé du système de redressement économique et financier que je préconise.

***

(La Finance et la Politique.)

Je vais donc vous parler, aujourd'hui, de la Finance et de la Politique depuis le moyen âge jusqu'à nos jours, et vous démontrer, au cours de cette première Conférence, d'une part, que la Politique et le Capitalisme sont étroitement liés, et que toujours les changements de régime, les guerres, les révolutions, ainsi que les grandes crises que traversent les Etats, sont provoqués uniquement par la cupidité, des questions d'intérêt ou d'argent, d'autre part, que, pour se procurer du numéraire, quand le trésor est vide, les gouvernements n'ont à leur disposition que cinq moyens : 1° altérer les monnaies; 2° lever des impôts et frapper des contributions; 3° vendre des privilèges ou des biens nationaux; 4° s'emparer par confiscation des biens de ceux qui possèdent et les aliéner; 5° faire des emprunts.

Toute la philosophie de l'histoire, en effet, peut se résumer dans ces trois aphorismes : « l'intérêt seul régit le monde »; « ce sont ceux qui possèdent le plus qui gouvernent »; « celui qui n'a rien jalouse celui qui possède, fait tous ses efforts pour échapper à sa domination, s'approprier ce qu'il a et prendre sa place s'il le peut ».

Si nous nous reportons, en effet, aux temps de la féodalité, car je crois inutile pour prouver ce que j'avance de vous faire l'historique de l'évolution des peuples anciens et primitifs, nous constatons que, seuls, les grands seigneurs étaient les maîtres à cette époque, et tout le moyen-âge se passe en rivalités, luttes et guerres perpétuelles des seigneurs entre eux, et contre le Roi, qui cherche, de son côté, à augmenter ses prérogatives pour agrandir son royaume et fonder l'unité de la nation.

Cette lutte de la royauté et des grands feudataires commencée par Philippe Auguste, continuée par Saint-Louis, Philippe le Bel et Louis XI, fut terminée par Richelieu qui établit les bases de la monarchie absolue sur les ruines de la féodalité abattue.

Cette première époque évolutive est suivie par une seconde au cours de laquelle les classes laborieuses et bourgeoises qui payaient l'impôt, ou Tiers-Etat, entrèrent en lutte avec la noblesse et le clergé qui ne le payaient pas, et aboutit à la Révolution, parce que le Roi, une fois maître absolu du royaume, opprima à son tour le peuple qu'il avait défendu autrefois contre les exactions des grands feudataires.

Une troisième époque évolutive, enfin, fait suite aux deux premières, elle est caractérisée par la lutte des prolétaires contre les bourgeois capitalistes; on peut diviser cette dernière en deux périodes : celle qui commence à la Révolution pour se terminer à la fin du second Empire, et celle qui va de 1870 jusqu'à nos jours.

Nous allons passer successivement, et très rapidement en revue ces diverses périodes, et, pour bien démontrer que le capitalisme a toujours été tout puissant, nous envisagerons plus spécialement les rapports des banquiers, ou prêteurs d'argent, avec les Gouvernements.

(Première époque :

De Philippe Auguste à Louis XIV.)

(*Les Juifs*)

Au Moyen Age les banquiers et prêteurs d'argent étaient les Juifs.

L'histoire des Juifs est intimement mêlée à celle de la finance, et l'influence de ce peuple a été considérable dans le monde depuis la chute de l'empire romain.

Dispersés aux quatre coins de l'univers, les Juifs furent les grands auxiliaires de la civilisation. Ne pouvant pas se livrer à la culture, puisqu'ils ne possédaient plus de terres, ils s'adonnèrent exclusivement à la banque et au commerce, et, comme les communautés juives correspondaient toutes entre elles, soumises comme elles l'étaient à la même loi de Moïse et à l'autorité de leurs rabbins, avec les mêmes mœurs, usages et coutumes, ils devinrent, par leur connaissance particulière des pays qu'ils habitaient, les intermédiaires naturels des peuples entre eux; de plus, héritiers de la vieille civilisation de l'Orient, ils initièrent les peuples barbares, après la chute de Rome, et les Gaules notamment, aux secrets de la banque et des échanges commerciaux.

Ce qui est certain, c'est que leur influence est prépondérante jusqu'à la Réforme et la Renaissance, c'est-à-dire au XVIe siècle; ils étaient d'ailleurs, admirablement placés, avec leurs communautés répandues sur toute la surface de la terre comme autant de succursales et de comptoirs d'une même entreprise, pour exercer la profession de commerçants et de banquiers, et ce sont eux les véritables créateurs de l'*internationalisme.*

Tout le moyen âge, avons-nous dit, se passa en luttes constantes entre les nobles et les évêques, d'une part, et les seigneurs et le Roi, d'autre part, qui s'allie au peuple et au clergé pour les réduire; c'est également la lutte perpétuelle avec les pays voisins, provoquée par des revendications d'héritages, le plus souvent, comme celle qui fut la cause de la guerre de cent ans; aussi les besoins d'argent étaient-ils pressants parfois, et les embarras financiers des belligérants considérables, pendant cette triste époque.

Tous s'adressaient aux Juifs pour obtenir les subsides qui leur étaient nécessaires, et ceux-ci les leur avançaient à des prix exorbitants.

Les débiteurs, cependant, ne se laissèrent pas toujours gruger facilement : ce fut le cas de Philippe le Bel.

Certainement, ce monarque, conseillé par Enguerrand de Marigny, fut celui qui s'entendit le plus extraordinairement à remédier aux embarras de sa trésorerie : ce roi génial, en effet, toujours à court d'argent, créa d'emblée tous les impôts directs et indirects connus, jusqu'à la maltôte qui frappait même les ecclésiastiques; il fit déjà une loi sur les loyers; il altéra les monnaies; il vendit des chartes aux corporations, organisa les Communes et créa, pour ainsi dire à prix d'or, la bourgeoisie; il confisqua les biens des Juifs qui étaient maîtres de presque toutes les propriétés et de la fortune mobilière du royaume, et les bannit; enfin, pour punir les Templiers de s'être rangés aux côtés du Pape Boniface VIII qui voulait l'excommunier, il leur intenta le fameux procès qui les fit tous périr sur le bûcher, puis il confisqua leurs immenses richesses.

Il fit mieux encore : il convoqua les Etats Généraux en 1302, en 1308 et en 1313 pour faire approuver sa conduite.

Les Juifs bannis échappèrent, cependant, à la persécution de Philippe le Bel, et évitèrent d'être entièrement dépouillés, par le moyen d'une de leurs plus géniales inventions : celle de *la lettre de change*, qui leur permit de se rendre en quelque sorte insaisissables en transportant librement leurs fonds dans les autres pays.

Après la mort de Philippe le Bel, son successeur Louis X, ayant eu la faiblesse de sacrifier Enguerrand de Marigny à la fureur populaire qui lui reprochait de s'être enrichi, fut obligé de rappeler les Juifs pour se procurer des subsides quand ce grand financier, qu'on accusa de sorcellerie pour pouvoir le perdre, fut pendu.

Sous Charles VII, les Juifs, rentrés en France, étaient de nouveau maîtres de l'argent du royaume et des deux tiers des propriétés, aussi, quand le peuple chargé de dettes et révolté fut maître de Paris, pendant les émeutes des Halles, au moment de la guerre des Bourguignons et des Armagnacs, sa fureur se porta-t-elle contre ses créanciers qu'il accusait de tous ses maux et ils furent massacrés.

Un autre grand financier de l'époque fut Jacques Cœur, argentier et trésorier de Charles VII, qui aida le roi à délivrer la France de l'étranger.

Jacques Cœur possédait uen fortune considérable qu'il avait acquise par son commerce avec le monde entier.

Pour le remercier, on l'accusa de concussion, on le bannit, et ses biens, naturellement, furent confisqués : comme quoi il est souvent dangereux d'être trop riche!

Louis XI fut également un étonnant financier doublé d'un merveilleux diplomate.

(*Les banquiers italiens*)

A ce moment, d'autres banquiers, concurremment avec les Juifs, viennent offrir leurs services dans les moments de crise ou de calamité : ce sont d'abord les Italiens, Lombards, Florentins, Vénitiens, Gênois, Pisans qui depuis le XIIIe siècle avaient été les créateurs de florissantes compagnies marchandes et industrielles, puis les gros marchands des villes hanséatiques de Francfort, Hambourg, Brême et Lubeck, car toujours les nations maritimes avec leur commerce extérieur avec les Indes, l'Afrique et l'Orient, ont réalisé des fortunes immenses, ce qui arriva plus tard à l'Espagne et au Portugal, au xve et xvie siècles, après les découvertes de Christophe Colomb et de Vasco de Gama.

Pour combler les vides du trésor, les rois François Ier, Henri II, Henri III, s'adressent alors aussi bien aux Juifs qu'aux Lombards, Florentins, banquiers et marchands Vénitiens.

Henri IV, lui, eut surtout recours au fameux banquier italien Zamet, qui négocia son mariage avec Marie de Médicis, et la reine, paraît-il, habita son fastueux hôtel de la rue de la Cerisaie, avant d'aller au Louvre.

Le célèbre Sully, ministre d'Henri IV, s'occupa, effectivement beaucoup plus d'agriculture que de finances, il était avare et avide et ce fut Zamet qui négocia des emprunts à 8 0/0 pour couvrir la dette publique.

Richelieu, également, n'aurait jamais pu accomplir sa mission sans le concours des financiers italiens, mais, inaugurant une politique nouvelle, il s'efforça d'échapper à leur domination financière et conseilla à Louis XIII de créer de grandes compagnies commerciales françaises, comme la Compagnie des Indes et la Compagnie d'Afrique, pour se passer d'eux.

Mazarin, enfin, bien que d'origine italienne, continua l'œuvre commencée par Richelieu.

Cette première période évolutive de l'histoire de la finance et de la politique peut donc se résumer ainsi : la puissance capitaliste appartient exclusivement aux Juifs jusqu'au xive siècle environ; ceux-ci la partagent ensuite avec les Italiens et d'autres étrangers jusqu'au xvie siècle, époque à laquelle Richelieu et Mazarin après lui, ayant fondé l'unité nationale et créé le *nationalisme,* s'occupent à débarrasser la France de toute ingérance étrangère dans la politique de l'Etat.

***

(Deuxième époque :

De Louis XIV à la Révolution.)

La seconde période évolutive que nous allons aborder, maintenant, est caractérisée par l'apogée du pouvoir absolu sous Louis XIV, le commencement de sa décadence sous Louis XV, et, sous Louis XVI, la lutte du Tiers-Etat contre le Clergé et la Noblesse qui se termine par la Révolution.

Mais vous allez voir que les besoins d'argent sont toujours les mêmes, ainsi que les moyens de s'en procurer, car les grands argentiers de cette époque furent comme leurs prédécesseurs, toujours obligés de s'adresser aux banquiers.

Fouquet, pour éviter les impôts, eut recours aux emprunts étrangers; ses immenses richesses lui valurent la disgrâce et la confiscation de ses biens.

Colbert, après lui, fut un administrateur remarquable : par sa politique de protection et de centralisation, il organisa la puissance de l'Etat, et contribua au développement des arts, des manufactures, et à la création d'entreprises de travaux de toutes sortes : canaux, défrichements, exploitation de mines, etc..., il fut par contre, un médiocre financier : pour faire des économies, il supprima des quartiers de rentes, confisqua des charges, aliéna des domaines, maltraita les banquiers ; finalement, il fut obligé de recourir aux emprunts étrangers, comme Fouquet dont il avait causé la perte, et de s'adresser aux financiers pour faire face aux dépenses ruineuses occasionnées par les guerres. Il emprunta également aux Juifs, et le fameux banquier Samuel Bernard, l'ami de Voltaire, fournisseur général de l'armée et puissamment riche, fut, par Louis XIV, décoré de l'ordre de Saint Michel, quoique d'origine juive, pour les services qu'il avait rendus, et invité à toutes les fêtes de Versailles et de Marly.

(Le « droit de remontrances »
du Parlement)

A la mort de Louis XIV, la situation n'était pas brillante.

La grande faute du Régent, qui voulait gouverner seul, fut de s'appuyer sur le Parlement pour se débarrasser du Conseil de Régence, institué par le testament du Grand Roi.

Le Parlement lui accorda les pouvoirs qu'il demandait, mais reçut en échange *le droit de remontrances* que Louis XIV lui avait enlevé.

Ce *droit de remontrances* commença une ère de lutte implacable enre le Parlement et l'Autorité royale pour tout ce qui regardait les dépenses du royaume, les taxes et les impôts, et fut la cause, sous Louis XVI, de la chute de la monarchie.

(Le système de Law)

Les incessants besoins d'argent du Régent, lui firent accueillir avec empressement les services du fameux banquier écossais Jean Law dont le *système* est resté célèbre.

Ce système consistait dans l'émission d'un papier monnaie représentatif des revenus de l'Etat et de la valeur des propriétés foncières, et l'absorption de toutes les compagnies par une grande banque de dépôt qui se chargeait de tout acquitter, même les dettes de l'Etat.

La banque de Law centralisa tout et les premiers bénéfices furent extraordinaires : en 1719 les actions de 500 fr. valaient 10.550 fr.; mais, après cette hausse insensée, la baisse fut provoquée par l'agiotage et la spéculation, et bientôt ce fut la faillite.

(Les fermiers généraux)

Les frères Paris, qui étaient banquiers, commerçants et fournisseurs de l'armée, remirent alors les finances en état; les grandes compagnies reprirent le cours des affaires, ainsi que les Fermiers Généraux dont la puissante association avait été englobée dans le système de Law; de nouveau on fit appel aux financiers, qui étaient alors principalement ces riches et puissants Fermiers Généraux dont la vie somptueuse est restée célèbre — c'est à eux, d'ailleurs, que nous devons tous les embellissements de Paris, quais, squares, avenues, promenades — et en 1725 on renouvela les baux des fermes.

Vers 1760, le manque d'argent obligea également le contrôleur général Jean Bertin, à qui nous sommes redevables du système des octrois, à négocier un emprunt de 10 millions aux communautés juives de Metz et de l'Alsace, à un taux d'intérêts composés qui s'élevait jusqu'à 24 0/0 l'an, sous la garantie des deux provinces.

Inutile de vous dire que les remontrances du Parlement étaient continuelles.

A la fin du règne de Louis XV, le mécontentement était général grâce au système financier de l'Abbé Terray qui se rapprochait un peu de celui de Colbert : ce ministre ne craignit pas, en effet, de réduire les intérêts de la dette sans en offrir le remboursement, de ne pas tenir ses engagements envers les banquiers, les Fermiers Généraux et les autres capitalistes qui étaient en compte avec le trésor, procédés malhonnêtes qui portaient atteinte aux sources du crédit.

(*Les économistes*)

L'école des économistes, des philosophes, et des encyclopédistes, fait parler d'elle à ce moment et crée ce grand mouvement d'opinion libérale qui devait bientôt tout emporter.

Sous Louis XVI, Turgot veut des réformes, et, notamment, la liberté du commerce, la suppression des corvées, l'abolition des corporations, maîtrises et jurandes, l'établissement d'un impôt territorial sur la noblesse et le clergé, le rappel des protestants chassés par Louis XIV; mais il commet la faute de supprimer les *greniers d'abondance,* créés sous Louis XV pour remédier à la rareté et à la cherté du blé, aussitôt la spéculation fait monter les prix : la disette et la famine s'ensuivent.

Lui aussi est obligé de recourir aux emprunts, et l'opposition le fait tomber.

Necker, qui lui succéda, fut presque révolutionnaire, car il voulait l'égalité entre les trois ordres, Clergé, Noblesse et Tiers Etat et la transformation de la monarchie traditionnelle en un système provincial fédératif dans le genre de celui des cantons suisses; il ne faut pas oublier, en effet, que Necker était protestant et banquier genevois; mais il publia son fameux *compte rendu* sur l'Administration des finances, et, comme toute vérité n'est pas bonne à dire, il dut démissionner devant la plus violente opposition.

(*Les merveilles de la circulation*)

M. de Calonne, le nouveau ministre, voulut alors remédier à la situation par ce qu'il appelait les *merveilles de la circulation,* c'est-à-dire, accorder les plus grandes facilités et encouragements au commerce et à l'industrie, suivant le système de l'économiste Gournay.

Sa méthode était véritablement excellente, puisqu'en 1787 toute la dette flottante était transformée en consolidés, et n'accusait un déficit que d'une centaine de millions qu'il pouvait facilement combler.

Malheureusement il voulut, pour se les procurer, recourir à l'impôt territorial, imaginé par Turgot, qui frappait les seigneurs et les ecclésiastiques : devant l'hostilité de ces derniers il dut, également, se retirer.

(*Les exigences du Parlement*)

Vint alors M. de Brienne, archevêque de Toulouse, lequel, assisté d'un conseil des finances, essaya, à l'instar de Colbert et de l'abbé Terray, de faire des économies, mais il n'arriva pas à combler les vides du Trésor; lui aussi s'avisa de recourir à l'impôt territorial de Turgot et de M. de Calonne, de plus il eut la malencontreuse idée de vouloir se faire approuver par le Parlement qui exigea la communication des comptes : devant une pareille prétention, car cela ne s'était jamais vu, le Roi tint un lit de justice et le Parlement fut exilé à Troyes.

M. de Brienne s'adressa finalement aux banquiers — vous voyez que les moyens de se procurer de l'argent ne changent pas — ceux-ci exigèrent, à leur tour, devant la gravité de la situation, la convocation des Etats Généraux.

M. de Brienne, alors, se retira, après avoir conseillé au roi de rappeler Necker.

(*Les Etats généraux, le Tiers-Etat, la Révolution*)

Necker convoqua immédiatement les Etats Généraux, mais, au lieu de finances, on fit de la politique; le Tiers Etat exigea l'égalité des trois ordres; Louis XVI fit fermer la salle des séances; le Tiers se réunit alors dans la salle du Jeu de Paume, où ses membres prêtèrent le serment célèbre de ne pas se séparer avant d'avoir donné une Constitution au pays; le roi dut céder devant le courage et la volonté de ces hommes, l'Assemblée Nationale fut constituée : c'était la Révolution!

⁂

(*Troisième époque :*
De la Révolution au Second Empire.)

Je vais, maintenant, en examinant rapidement les grands événements financiers survenus depuis la Révolution jusqu'à nos jours, et qui constituent ce que j'ai appelé la troisième époque évolutive des rapports de la finance avec la politique, vous démontrer, d'une part, que la finance a toujours dirigé la politique, d'autre part, que la paix est la véritable source du crédit, parce que les nations, à juste raison, ont la guerre en horreur, enfin, que le crédit, à son tour, repose uniquement sur la loyauté à tenir ses engagements, c'est-à-dire sur l'honnêteté et la bonne foi.

L'Assemblée Constituante, dans la nuit fameuse du 4 août 1789, ayant supprimé tous les impôts indirects et n'ayant conservé que les douanes, fut obligée d'en revenir au système d'impôt territorial proposé, sous Louis XVI par Turgot, Necker et M. de Calonne, et à l'augmentation des droits du Timbre, de l'Enregistrement et des Successions.

Il en résulta la vie chère et un mécontentement général.

(*Le système égalitaire de Cambon. Les assignats*)

Comme la caisse était vide, l'Assemblée eut recours à la méthode employée sous la Régence par le banquier Jean Law, en la limitant seulement à la propriété territoriale, et adopta *le système égalitaire* de Cambon : elle procéda à l'inscription en rentes sur l'Etat de toutes les valeurs, et créa *les assignats* du mot assignation, qui signifiait papier représentant une terre, dont la valeur était assignée sur les biens dits nationaux, et dont le remboursement reposait sur le produit de la vente de ces biens.

Mais les exigences du Trésor augmentant chaque jour, pour éviter l'inflation on eut recours à l'arbitraire, et, comme il fallait donner un nouveau gage aux nouvelles émissions de billets, l'on confisqua purement et simplement les biens du Clergé, et on les vendit.

Il y avait pour 1.800 millions d'assignats, quand l'Assemblée Constituante fut remplacée par l'Assemblée Législative.

L'Assemblée Législative, pour augmenter ses ressources, confisqua à son tour les biens des émigrés.

La Convention, enfin, proclama la République; à ce moment, il n'y a plus que des assignats; malgré de nouvelles confiscations, survenues notamment après l'exécution des Fermiers Généraux par le Comité de Salut public, l'inflation augmente sans cesse; ce sont, alors, les réquisitions, l'emprunt forcé.

Après la chute de Robespierre, le 27 juillet 1794, qui avait fait voter *la loi du maximum* pour essayer d'enrayer l'inflation et la vie chère, les assignats en circulation s'élevaient à la somme de 7 millards et étaient tombés au douzième de leur valeur.

En mai 1795, il y en avait pour 8 milliards, et quand le Directoire s'installa six mois plus tard, la circulation montait à 19 milliards.

Enfin, en 1796, le chiffre s'élevait à 45 milliards, et ils étaient tombés au 344e de leur valeur nominale.

(La liberté des transactions)

Le Directoire fit, à ce moment, briser la planche aux assignats place Vendôme, le 19 février 1796, et transformer les assignats en mandats territoriaux. Mais le public, qui n'avait pas confiance, refusa de les accepter en paiement; alors un décret autorisa la *liberté des transactions,* en laissant chacun libre d'accepter la monnaie avec laquelle il entendait être payé : la circulation des espèces métalliques reparut immédiatement, les mandats furent acceptés pour leur valeur en monnaie, les affaires commerciales reprirent leur cours, et un décret, en mai 1797, annula les assignats encore en circulation.

On est étonné, quand on songe qu'il suffit au Directoire de décréter *la liberté des transactions* pour faire cesser, comme par enchantement, la gêne affreuse qui résultait du renchérissement de la vie produit par la loi du maximum, ou la taxation, et l'inflation fiduciaire, mais on ne l'est plus, quand on sait combien grande est la puissance du capitalisme, et combien redoutables étaient les adversaires de la Révolution.

Tous les ennemis du nouveau régime étaient ligués contre Robespierre qu'on appelait le tyran, et principalement les financiers qui lui refusèrent toujours leur concours ; c'est la haute finance qui fut la cause de la chute de celui qu'on a surnommé l'*incorruptible* parce que les banquiers n'avaient jamais pu l'acheter, et l'on peut dire qu'après le 9 thermidor la Révolution était virtuellement terminée.

Robespierre disparu, l'inflation augmente, en effet, au point d'amener la faillite; quant à la corruption du Directoire elle est restée célèbre : les financiers ont les mains libres, les gens d'affaires peuvent s'enrichir, et bientôt les acquéreurs de biens nationaux, les fournisseurs de l'armée, et les spéculateurs amis des conventionnels, font des fortunes considérables.

Le fameux Barras n'avait pas beaucoup de scrupules, quand on examine, d'autre part, le système de contributions qu'il imposait aux gouvernements et aux peuples étrangers soumis par les armées de la République; chaque fois qu'il signait un traité il stipulait un versement en argent, et le pillage des pays conquis était systématique : en Italie, les biens du clergé, ceux des particuliers et les Monts de Piété étaient dévalisés; en Suisse, le trésor de Berne, qui contenait en espèces près de 45 millions, fut confisqué, etc...

(Le Consulat. Retour au système des impôts de l'ancien régime)

Après le coup d'Etat du 18 Brumaire, survenu le 9 Novembre 1799, et préparé par les réactionnaires, Bonaparte, nouveau dictateur, porta sans tarder, le dernier coup à la Révolution en faisant un retour en arrière, et en rétablissant le système des impôts et des charges avec cautionnement de l'ancien régime; lui aussi maltraita les banquiers, il refusa de payer à certains des arriérés de comptes qui leur étaient dus, et pour les réduire, il voulut créer une grande banque d'Etat qui devait absorber toutes les autres, sous son contrôle, naturellement, puisqu'il prétendait tout dominer.

Mais, ce n'est pas en vain que l'on s'attaque à la finance, surtout quand on a besoin de ses services; Bonaparte devenu Napoléon l'apprit à ses dépens, il voulut lutter contre elle, et c'est ce qui le perdit : les financiers avaient eu bien du mal à se débarrasser de Robespierre, ce fut un jeu pour eux d'abattre Napoléon.

(Napoléon et les Juifs)

Après s'être aliéné les banquiers français en faisant arbitrairement jeter en prison Ouvrard, Vanlerberghe, Desprez, et provoquer la faillite de Récamier, l'Empereur indisposa définitivement contre lui la finance internationale tout entière par sa législation spéciale sur les Juifs qu'il détestait.

Au lieu de les disperser comme Titus et Adrien, en l'an 70 et l'an 135 après Jésus-Christ, et de les bannir comme Philippe le Bel, il détruisit complètement la nation juive en France en l'assimilant : par le fameux acte du 7 mai 1807, en effet, enregistré par le grand Sanhédrin, ou Conseil Suprême des Rabbins, il subordonna la loi religieuse des Juifs à la loi civile du pays qu'ils habitent; ils les obligea ainsi à vivre comme tout le monde, et leur imposa à tous l'obligation du service militaire; un nouveau décret du 17 mars 1808 réglementa spécialement les opérations financières qui leur étaient dorénavant permises, l'usure leur fut formellement interdite et ils furent mis en demeure, s'ils voulaient s'établir dans un département de la France, d'acquérir une propriété foncière et s'engager à ne se livrer à aucun commerce défendu; enfin, le 10 juillet 1808, un nouveau décret les obligea, sous peine de bannissement, à prendre un nom propre en dehors des noms bibliques, ou des noms de villes, qu'ils affectionnaient.

Napoléon détruisit ainsi la nation juive, dans notre pays du moins, les Juifs, désormais, ne sont plus des Juifs vivant en communauté sous l'autorité de leurs rabbins, et formant un état dans l'Etat avec certains privilèges, comme il en avait toujours été jusque-là, ce sont des citoyens comme les autres, soumis comme tous les Français à la même loi, ils sont juifs comme d'autres sont catholiques, protestants ou musulmans, et il faut bien se garder de les confondre avec les Juifs de l'Europe Centrale ou les Juifs d'Orient.

Pour se venger, les Juifs firent tomber Napoléon.

Pour cela ils mirent toute la puissance de leur organisation financière internationale au service des Anglais en guerre avec l'Empereur, et, par leur entremise, l'Angleterre put organiser *la coalition* et faire parvenir à ses alliés les subsides qu'elle leur accordait en échange d'accords commerciaux.

D'ailleurs, le blocus continental organisé par Napoléon, qui interdisait l'entrée en France des marchandises anglaises, que l'autorité brûlait sur la place publique quand elle en trouvait, porta le plus grand préjudice au commerce et aux banquiers dont les livres étaient souvent visités, le Gouvernement militaire ne laissant aucune liberté aux transactions privées.

De son côté, pour lutter contre les effets du blocus et remédier à la détresse de ses alliés, car l'Allemagne, l'Autriche, la Prusse, la Russie, la Pologne, étaient inondées de papier-monnaie qui perdait au change une grande partie de sa valeur, l'Angleterre, pour supprimer les effets désastreux du change, contracta avec tous ses alliés, en 1813, un traité financier qui comportait la création d'un nouveau papier garanti par elle ainsi que par les autres puissances.

Ce papier-monnaie, dès qu'il apparut, se négocia au pair, car il fut immédiatement accepté par la haute finance juive et tous les banquiers d'Europe. Nathan Rothschild de Londres fut un des créateurs de ce papier, et c'est lui qui fut également chargé par l'Angleterre de faire passer à Vienne les fonds qu'elle destinait à l'Autriche; de même, toutes les négociations d'emprunts d'Etats contre l'Empire français furent menées par les Juifs.

Devant une pareille organisation financière internationale, qui donnait une si grande force à la coalition, Napoléon dut s'incliner et abdiquer.

Les maisons Goldsmith et Nathan Rothschild de Londres furent alors chargées par l'Angleterre d'éteindre le contingent de papier-monnaie que la Trésorerie avait garanti à l'Allemagne pendant les deux campagnes de 1813 et 1814, et qui s'élevait à 6 millions 1/2 de livres.

« *Le traité de Paris* » *du* 10 *mai* 1814, *en effet,* dit Capefigue dans son « Histoire des grandes opérations financières » où j'ai puisé une partie de ma documentation, *établit une sorte de quitus entre tous les gouvernements signataires : ils ne pouvaient rien se réclamer les uns les autres, « en conséquence,* est-il dit dans ce traité, *les hautes parties contractantes s'engagent à se remettre mutuellement tous les titres et obligations qui ont rapport aux créances auxquelles elles ont réciproquement renoncé.* »

Par contre, dans l'article 19, le Gouvernement français s'engageait « *à faire liquider et payer les sommes qu'il se trouvait devoir dans les pays et en dehors de son territoire, en vertu des contrats et d'autres engagements formels passés entre des individus, ou des établissements particuliers et les autorités françaises, tant pour fournitures qu'à raison d'obligations légales* ».

Comme vous voyez, on ne savait pas ce que c'était, à cette époque, que les dettes interalliées : la France vaincue, seule, devait payer la note.

(*Les Cent Jours. Waterloo*)

Pour bien vous démontrer que les nations ont la guerre en horreur, que la paix est la véritable source du crédit, c'est-à-dire la confiance, et que la finance a toujours dirigé la politique des Etats, je me contenterai de vous rappeler ce qui se passa en Europe pendant la fameuse période dite des *Cent Jours :* d'abord, à la nouvelle du débarquement de l'Empereur au Golfe Juan, une forte baisse se produisit aussitôt sur tous les fonds publics et le change s'éleva sur toutes les places de l'Europe; immédiatement le Parlement d'Angleterre ratifia de nouveaux traités avec l'Autriche, la Prusse et la Russie, pour former une nouvelle coalition militaire et financière; puis, après Waterloo, le 18 juin 1815, quand fut consommé l'anéantissement de la puissance militaire napoléonienne, *la rente fut en hausse,* fait sans précédent dans l'histoire, *et la Bourse remonta :* le peuple, las de la guerre, escomptait déjà la paix!

(*Le traité de Paris du* 15 *novembre* 1815)

Les conséquences de Waterloo, cependant, furent terribles pour la France, et le traité du 15 novembre 1815 ne nous épargna point : la France, réduite aux limites de 1792, devait licencier l'armée de la Loire, payer 700 millions aux alliés, liquider toutes les créances légitimes que les sujets des puissances alliées pourraient réclamer sur le Trésor français, et payer les frais pendant cinq ans d'une armée d'occupation de 150.000 hommes.

L'article 2, qui stipulait la liquidation des créances légitimes, fut particulièrement terrible, et l'Angleterre *exerça des représailles qui remontèrent jusqu'à la Révolution :* elle exigea la restitution complète et absolue de toutes les rentes inscrites au nom des Anglais en 1789, sans tenir compte des lois de la République, et le Commissaire Anglais exigea même la restitution de toutes les propriétés confisquées sur les sujets britanniques, depuis la Révolution, sans souci de la charte de Louis XVIII qui avait validé les acquisitions successives des biens nationaux, et une indemnité fut stipulée.

Quant à l'armée d'occupation, elle nous coûta fort cher, par suite des exigences des alliés qui n'étaient jamais satisfaits, et le duc de Wellington fut particulièrement impitoyable pour les fournisseurs chargés d'assurer le bien-être des soldats anglais.

Malgré tout, la confiance revenait, c'était enfin la paix après 23 années de guerre, de 1792 à 1815, et, avec la paix, le crédit renaissait, car, Louis XVIII ayant promis de régler l'arriéré, la France payait ses dettes : la formation et le développement des premières compagnies industrielles, assurances maritimes, mutuelles, contre l'incendie, canaux, mines, gaz, omnibus, etc..., datent en effet de cette époque.

Cependant, les banques françaises ayant refusé d'avancer de l'argent au Trésor, et de négocier un emprunt, le duc de Richelieu, le duc de Wellington, et le comte Pozzo di Borgo, s'entendirent avec les maisons Hope et Baring de Londres pour le règlement de l'indemnité aux alliés, et, en 1817 et 1819, des emprunts furent également contractés avec ces deux banques, ainsi qu'avec la maison Rothschild, pour la délivrance du territoire.

(La Maison Rothschild)

La maison Rothschild était, à ce moment, la plus puissante banque du monde; elle possédait cinq établissements dirigés par les cinq fils de Mayer, Anselme Rothschild, fondateur de la banque de Francfort-sur-le-Mein, mort en 1812 : Anselme dirigeait la banque de Francfort, Salomon était à Vienne, Nathan à Londres, Charles à Naples. et James à Paris. On appelait les Rothschild les rois de la Banque, et leur Banque, la Banque des Rois; tous les Etats s'adressaient à eux quand ils avaient besoin d'argent, et leur influence dans la politique a été prépondérante jusque sous le second Empire.

C'est à eux, notamment, que s'adressa le prince de Metternich, après les fameux Congrès de Troppau en 1820, et de Laybach en 1821, où tous les souverains réunis s'organisèrent pour la répression des idées libérales : 1815, en effet, avec le retour en France des Bourbons imposé par les alliés, signifiait le triomphe des princes de l'Europe, non seulement contre l'usurpateur Napoléon, mais aussi contre la Révolution, et les sanglantes représailles exercées sous la Restauration par les royalistes triomphants, dont les *Cours prévôtales* sont restées tristement célèbres, eurent des répercussions dans les autres

Etats où les anciens souverains, dépossédés par Napoléon, étaient remontés sur le trône. Ferdinand VII, roi d'Espagne, et Ferdinand Ier, roi des Deux Siciles, notamment, déchirèrent les constitutions qu'ils avaient données à leurs peuples pour reconquérir la souveraineté, et envoyèrent à l'échafaud les chefs du parti libéral; des insurrections armées éclatèrent aussitôt à Naples, dans le Piémont et en Espagne.

A Troppau et à Laybach, les souverains réunis s'organisèrent pour une répression impitoyable; comme ils n'avaient pas d'argent, la maison Rothschild leur fournit les fonds dont ils avaient besoin; une armée autrichienne fut mise à la disposition de Ferdinand VII pour rétablir l'ordre dans ses Etats, tandis qu'une autre armée de 52.000 Autrichiens rétablissait le Gouvernemennt absolu à Naples et dans le Piémont : partout des cours martiales ordonnèrent en masse les exécutions, la destitution, l'exil; cette odieuse persécution de tous ceux qui n'étaient pas royalistes eut pour effet de faire franchir les Alpes au *carbonarisme italien,* qui introduisit en France l'organisation de la Franc-Maçonnerie destinée, dans l'origine, à lutter contre les tyrans, pour établir parmi les peuples les principes immortels de 1789, c'est-à-dire la liberté, l'égalité, la fraternité.

En récompense des services qu'ils avaient rendus, les Rothschild reçurent de l'Empereur d'Autriche le titre de baron, et James fut nommé consul général d'Autriche à Paris.

(*La conversion de la rente en* 1824)

Sous Charles X, en 1824, la situation financière de la France, qui avait fait honneur à tous ses engagements, était suffisamment favorable pour permettre à M. de Villèle, ministre des Finances, de réduire l'intérêt de la dette publique en procédant à la conversion de la rente.

(La révolution de 1830. *Louis-Philippe)*

En 1830 eut lieu l'expédition d'Alger, mais, en juillet, Charles X viola la charte et fit publier ses fameuses *ordonnances* restrictives des rares libertés populaires qui alors subsistaient, entre autres de celle de la liberté de la presse ; Paris se souleva et la Révolution éclata.

Mais le Gouvernement provisoire fut obligé d'accorder un moratorium de quinze jours pour le paiement des effets de commerce : il s'ensuivit une véritable crise industrielle et commerciale et des faillites sans nombre, parce que les banques, *craignant la proclamation de la République,* avaient fermé leurs guichets; aussi Casimir Perrier proposa-t-il l'élection du duc d'Orléans à la lieutenance générale du royaume, puis à la royauté.

L'avènement de Louis Philippe fut accueilli avec satisfaction par les financiers, les industriels et les commerçants, et le roi obtint facilement des banquiers tous les crédits dont il avait besoin; il eut surtout la chance de recevoir à Paris le trésor de la Casbah, provenant du pillage qui avait fait suite à la prise d'Alger au mois de Juillet, c'était une bonne aubaine, tout l'or et l'argent furent envoyés à la Monnaie, ce qui rendit le plus grand service à la circulation.

(Le socialisme, les nouvelles écoles d'économie politique)

A ce moment, le socialisme commence à faire parler de lui; déjà, sous la Restauration, de nouvelles écoles d'économie politique avaient été fondées par Saint-Simon, Augustin Thierry son disciple et Jean-Baptiste Say.

En 1832, cependant, les théories des Saint-Simoniens furent trouvées subversives par le Gouvernement de Louis Philippe, et le Père Enfantin fut condamné avec Michel Chevalier; l'opposition fut un moment calmée, et, en 1837, le 5 0/0 atteignit 104 fr.

Le socialisme abattu redressa la tête, toutefois, avec les idées phalanstériennes de Fourier; les questions ouvrières revinrent à l'ordre du jour ainsi que les revendications prolétariennes, d'autant plus qu'un grand développement industriel se produisit, en 1839, avec la création des Chemins de fer.

Un mouvement de panique bien significatif pour démontrer que le peuple veut, avant tout, la paix, et n'aime pas les aventures, est celui qui se produisit au moment de la question d'Orient, en 1840, quand M. Thiers, voulant tenir tête à l'Angleterre, fit voter des crédits, lever des hommes, et envoya la flotte dans l'archipel pour soutenir le pacha d'Egypte contre les Turcs : une baisse immédiate se produisit à la Bourse, des faillites nombreuses s'ensuivirent à Paris, à Londres, à Amsterdam, à Hambourg et à Vienne; M. Thiers fut accusé d'avoir voulu faire un coup de Bourse et dût démissionner; le danger de guerre écarté, les fonds publics remontèrent immédiatement, et bientôt le 5 0/0 fut coté 122 fr. 50.

(*La Révolution de* 1848 *et le Coup d'Etat du* 2 *décembre* 1851)

En 1845 les affaires sont prospères; une loi concède le chemin de fer du Nord à une Compagnie dirigée par la maison de Rothschild, qui obtint également l'*adjudication d'un emprunt de* 250 *millions* voté par les Chambres pour équilibrer le budget.

Toutefois la Banque française fut mécontente de voir toutes les bonnes affaires passer dans les mains des Rothschild, c'est pourquoi elle soutint l'opposition, laquelle grandit bien vite, aidée par tous les socialistes, disciples de Saint-Simon, de Fourier, ou indépendants comme Louis Blanc, Cabet, Raspail, Proudhon, Barbès, Blanqui; la mauvaise situation fut encore aggravée par la famine produite par les mauvaises récoltes résultant des pluies diluviennes de l'année; la Révolution éclata de nouveau,

Louis Philippe fut renversé, mais cette fois, l'on proclama la République.

C'est donc bien, comme toujours, une lutte financière qui fut la cause initiale de ce changement de régime.

Rothschild, à son tour, pour se venger, étouffa la jeune République dans son berceau; comme il n'avait encore versé que 80 millions sur les 250 millions de l'emprunt qui lui avait été adjugé, il refusa de tenir ses engagements et de fournir au Trésor les 170 millions restant dûs : le Gouvernement, sans argent, ne put pas faire face à la situation, le Ministre des Finances Goudchaux dut donner sa démission, et Garnier Pagès qui le remplaça fut impuissant à rétablir l'équilibre, malgré la création des Ateliers nationaux, celle du Comptoir d'Escompte, et la fonte de l'argenterie de Louis Philippe.

Les monarchistes et les bonapartistes, adversaires du régime républicain, unirent alors leurs efforts pour renverser le nouveau Gouvernement; il y eut d'abord une répression terrible de l'insurrection, lors des fameuses journées de Juin provoquées par la fermeture des Ateliers nationaux, et, phénomène qui n'est plus nouveau, la Bourse remonta aussitôt puis, quand la réaction eut réussi à faire nommer Louis Bonaparte, président de la République, la finance vint au secours du Gouvernement : Louis Bonaparte put, dès lors, en toute sécurité, préparer le coup l'Etat du 2 décembre 1851, et monter l'année suivante sur le trône en se faisant appeler Napoléon III.

Je ne vous parlerai pas de l'influence que la Révolution de 1848 eut sur l'Europe entière, ni de ses répercussions au point de vue financier; il y eut des troubles et des insurrections un peu partout : bien entendu, le crédit disparut à nouveau, pour ne reparaître qu'une fois l'orage terminé, avec le calme revenu.

***

(Troisième époque (suite) *: De 1870 à 1914.)*

Le second Empire donne naissance à une nouvelle période évolutive au point de vue financier : quand le Gouvernement a besoin d'argent, il ne s'adresse plus aux banquiers comme auparavant, mais fait appel directement au public pour ses emprunts.

Une nouvelle politique apparaît également à son tour : celle de l'organisation du prolétariat contre les partis de réaction.

(Napoléon III)

Je ne vous dirai rien de l'histoire financière du règne de Napoléon III, dont l'incapacité notoire nous a valu la guer de Crimée, la campagne d'Italie, l'expédition de Chine, la malheureuse affaire du Mexique, enfin la guerre de 1870, avec la honte de Sedan, la perte de l'Alsace et de la Lorraine, le paiement d'une contribution de guerre de 5 milliards, et le ruineux traité de Francfort.

J'en parlerai d'autant moins que toute la comptabilité de ce règne néfaste a été détruite au cours de l'incendie du Ministère des Finances, et de la Cour des Comptes, allumé pendant la Commune, incendie attribué aux bonapartistes, du reste, en conformité avec la maxime de jurisprudence « is fecit cui prodest », c'est-à-dire « celui-là a commis le crime à qui le crime est utile » : on ne comprend pas, en effet, l'intérêt qu'auraient pu avoir les communards à détruire ces édifices, et surtout les preuves accablantes contre l'Empire qu'ils renfermaient, alors qu'ils montaient si honnêtement, et si bénévolement la garde devant la Banque de France, pour en protéger les trésors qu'il leur eût été pourtant si facile de s'approprier!

(*La IIIᵉ République*)

D'ailleurs, c'est surtout après la constitution de la IIIᵉ République que la Finance a commencé l'évolution spéciale qui l'a conduite, après l'absorption des petites banques par des établissements de plus en plus conséquents à la création des formidables organisations actuelles des Sociétés de Crédit, organisations internationales par excellence par suite des relations et agences innombrables qu'elles possèdent dans l'univers.

(*Les banques ennemies*)

Cette évolution ne s'est pas faite, toutefois, sans résistance, et la lutte financière a été d'autant plus rude qu'elle a revêtu un caractère nettement religieux.

« Qui se ressemble s'assemble », dit le proverbe, c'est pourquoi les banques israélites, catholiques et protestantes n'ont cessé de se faire la guerre à coups d'argent; les banques isréalites et catholiques surtout ne se sont pas ménagées, chacune d'elles ayant sa politique nettement déterminée avec ses représentants pour la défendre au Parlement.

La guerre des banques nous a valu le crack de l'Union Générale, celui du Comptoir d'Escompte, l'affaire Boulanger et l'affaire Dreyfus.

(*La Finance internationale*)

Aujourd'hui, par suite de la disparition des petites banques de province, résultant de la multiplicité des Agences des Grandes Sociétés de Crédit, et surtout à cause de l'extraordinaire expansion économique et développement industriel qui n'ont cessé d'augmenter, depuis 1870, grâce à l'esprit d'association et la multitude des Sociétés par actions, des capitaux tellement considérables affluent dans les caisses de ces grandes banques, que la situation encore a complètement changé.

Avec ce nouveau mode d'organisation financière une politique nouvelle est encore née : c'est, maintenant, *la politique de la finance internationale,* celle qui cherche aujourd'hui à nous étrangler avec le concours de tous les ennemis de la France.

Mais, je vous en parlerai mardi prochain, en examinant dans une deuxième conférence la situation qui nous a été faite avant, pendant, et après la guerre, par les parlementaires très humbles et très obéissants serviteurs du capitalisme.

(Résumé.)

En résumé, il résulte donc bien de tout ce que je viens de vous dire au cours de ce long et quelque peu aride exposé, que l'on est obligé, d'après le témoignage de l'histoire, les faits les plus indiscutables et les plus probants, de se rendre à cette évidence et de constater : que les crises que traversent les Etats sont toujours les mêmes et sont dénouées par les mêmes moyens; que sans argent on ne peut rien entreprendre; enfin, que toutes les Révolutions, jusqu'à présent, *faute d'un plan financier,* ont amené un ordre de choses précisément inverse de celui qu'elles s'étaient proposé d'établir.

Voilà, Citoyennes, Citoyens, ce que je voulais, aujourd'hui, vous démontrer.

Finance et Politique

AVANT, PENDANT ET APRÈS LA GUERRE

Conférence faite le 31 mars 1925
Salle de l'Indépendance, 48, rue Duhesme, Paris (18e).

(La Finance et les organisations révolutionnaires.)

CITOYENNES, CITOYENS,

Dans ma première Conférence j'ai fait rapidement passer sous vos yeux les grands événements de notre histoire, pour bien vous démontrer que la politique et la finance sont intimement liées, et que, sans de bonnes finances, il ne peut exister de bonne politique.

Vous avez pu également vous convaincre de la réalité de ces axiomes sociaux : « *La paix engendre la confiance et la prospérité* »; « *le crédit repose entièrement sur l'honnêteté et la bonne foi* »; « *à chaque évolution financière nouvelle correspond une politique nouvelle* ».

Cette dernière considération est de la plus haute importance, parce qu'elle va nous faire comprendre immédiatement le rôle misérable joué, avant, pendant et après la guerre, par notre Parlement qui est à la solde du capitalisme.

Je vous disais encore que : « *sans argent on ne peut rien entreprendre* »; c'est pourquoi toutes les Révolutions, jusqu'à présent, *faute d'un programme financier,* ont invariablement amené un ordre de choses précisément inverse de celui qu'elles s'étaient proposé d'établir.

Si vous voulez bien, maintenant, vous convaincre également de cette autre vérité que : « *la finance ne peut jamais s'enrichir que du malheur d'autrui* », vous comprendrez immédiatement pourquoi c'est elle, aussi, que l'on trouve toujours derrière les organisations révolutionnaires susceptibles de provoquer des troubles, des guerres, des insurrections, d'amener, en un mot, une perturbation quelconque dans les affaires du pays : quand la vie sociale est troublée, en effet, l'argent devient rare et cher, les banquiers ne prêtent plus qu'à gros intérêts, les faillites et les ruines se multiplient; aussitôt les capitalistes en profitent pour spéculer à la baisse, faire tomber les cours et racheter, à vil prix, titres, valeurs, usines, marchandises et objets précieux, qu'ils revendent plus tard avec d'énormes bénéfices une fois la tourmente passée.

Ce sont eux, par conséquent, qui ont intérêt à troubler la paix publique, puisqu'ils en profitent seuls; aussi, ce sont toujours eux qui commanditent les partis extrémistes et les incitent aux pires violences, qui colportent les mauvaises nouvelles pour provoquer des paniques, qui combattent avec acharnement les hommes indépendants et les organisations susceptibles d'assurer l'ordre et la tranquillité dans le pays, afin d'avoir les mains libres.

La preuve de ce que j'avance est facile à donner : tant que les capitalistes financent, les mouvements peuvent s'organiser; les journaux, les brochures, les tracts sont partout distribués, les orateurs abondent, tout le monde est bien rétribué; et les naïfs s'imaginent que c'est la caisse du parti, avec l'unique produit des maigres cotisations des sociétaires, qui règle les factures et paie toutes les notes; s'ils savaient combien tout cela coûte, ils comprendraient bien vite, les malheureux, qu'ils ne sont que les pantins dont les financiers tirent les ficelles, et que ces derniers ne les emploient que pour leur faire tirer du feu des marrons qui ne sont pas pour eux; quand le mouvement, d'ailleurs, comme cela arrive parfois, prend pour les capitalistes une tournure qui n'est pas tout à fait de leur goût, ils tiennent serrés les cordons de leur bourse, immédiatement tout s'arrête, et, comme on dit « rien ne va plus » de même, si l'affaire a été menée à leur satisfaction, quand le coup a réussi, ils trouvent inutile de continuer à verser des subsides, alors tout se désagrège : le tour est joué.

C'est pourquoi la lutte engagée, depuis 1875 jusqu'à nos jours, par les prolétaires sans le sou contre les capitalistes fortunés, a toujours été inégale : sans argent, le prolétariat n'a jamais pu s'organiser, et, quand il a voulu essayer de le faire, grâce à l'énergie et la volonté de quelques citoyens courageux, ces essais de groupements ont été sans retard attaqués par le capitalisme qui en a eu raison sans difficulté.

(*L'exagération*)

L'arme par excellence dont il s'est servi, perfide entre toutes, et la plus dangereuse qui existe parce qu'on ne s'en méfie point, sa nature étant insaisissable, est celle de l'*exagération.*

N'oubliez jamais que « *chaque fois qu'une idée devient exagérée, elle n'est pas loin de tomber* »; autant elle est sympathique, et facilement acceptée, quand elle reste volontairement dans de justes limites, autant elle est repoussée quand elle va trop loin, car, alors, elle dépasse le but et devient ridicule.

C'est ainsi que les exagérations du Père Enfantin, de Bazard et de Michel Chevalier ont fait crouler le Saint Simonisme en 1832, en détournant complètement les esprits du véritable but poursuivi par les doctrines humanitaires de Saint Simon; c'est ainsi également que la magnifique organisation de « l'Association Internationale des Travailleurs », péniblement élaborée et fondée par le Français Tolain en 1865, et destinée à grouper les travailleurs de tous les pays pour la défense de leurs intérêts purement corporatifs ou professionnels, fut savamment désorganisée par les soins et les doctrines des Allemands Karl Marx et Lasalle et du Russe Bakounine, et devint une organisation révolutionnaire terroriste isolée; c'est ainsi que l'unité de notre parti socialiste français a été divisée par des morcellements successifs de groupes de plus en plus avancés : hier c'étaient les républicains socialistes et les socialistes tout court, puis les collectivistes, ensuite les unifiés; aujourd'hui, ce sont les communistes, qui sont eux-mêmes divisés, car les uns sont pour la violence et les autres pour les bras croisés; les groupes syndicalistes eux-mêmes ont failli se désagréger, la politique étant arrivée à diviser la C. G. T., heureusement le gros des travailleurs est resté rebelle à certaines propagandes destructives parce que les ouvriers ont douté de sa sincérité; tous ceux qui ont fait la guerre, d'ailleurs, ne veulent plus se battre, ils en ont assez, et entendent rester groupés et unis sur le terrain corporatif pour s'occuper des intérêts professionnels qui leur sont familiers, ils ne se soucient plus de faire le jeu et la fortune de politiciens exaltés, qui n'ont jamais manqué de les trahir une fois nommés ministres, sénateurs ou députés.

Aujourd'hui, l'exagération en politique est tellement grande qu'elle pourrait paraître ridicule ou insensée, si l'évolution de la finance ne nous en faisait comprendre immédiatement la véritable raison.

(Les Sociétés de Crédit et la Finance internationale.)

Depuis 1875, en effet, les banques se sont complètement transformées.

Pendant quelque temps elles sont restées françaises, ont groupé et réuni autour d'elles des intérêts particuliers et nettement confessionnels : catholiques, israélites, protestants, ont eu leurs banques attitrées, et la répercussion dans le monde politique et social de ces intérêts différents nous a valu la guerre religieuse des banques entre elles, et, comme je vous le faisais remarquer mardi dernier, le crack de l'Union Générale, celui du Comptoir d'Escompte, l'affaire Boulanger et l'affaire Dreyfus.

Depuis, par suite de l'absorption à peu près totale des petites banques, et notamment celles de province, par de plus grandes, la situation a changé : des apports tellement considérables de capitaux affluent aujourd'hui dans les caisses des « Sociétés de Crédit », qu'ils donnent à ces Etablissements, dont les agences sillonnent le monde entier, une situation privilégiée et une puissance formidable; en revanche, à mesure que l'importance de ces redoutables organisations financières augmente, la mentalité de ses dirigeants évolue : aujourd'hui ces derniers ne sont plus français, ils sont devenus internationalistes; aussi le Crédit, tel qu'il existait autrefois entre le petit commerçant et son banquier, a-t-il complètement disparu; à présent les affaires petites ou moyennes n'intéressent pas les grandes banques, seuls les importants mouvements de capitaux les préoccupent, et surtout leurs relations avec l'étranger, pour le placement avantageux des immenses comptes de dépôt qu'ils possèdent, qui ne leur coûtent rien et les font gagner gros.

Si l'on se rend compte, également, que les maisons de banque ont des frais généraux considérables, et que la plupart de leurs opérations ne leur rapporte rien, comme les comptes de chèques, l'escompte, les coffres-forts, les coupons, on comprend aisément qu'ils dirigent plus particulièrement leur activité du côté de l'étranger qui leur fournit en grande partie leurs bénéfices.

Toute la mentalité des dirigeants de ces banques consiste donc à multiplier leurs affaires avec l'étranger par des emprunts, des opérations de Bourse, des émissions continuelles, moyennant de fortes commissions qui remplissent leurs coffres, et à se désintéresser complètement des affaires françaises qui leur rapportent moins; de là le marasme de notre commerce, de notre industrie et de notre expansion économique; avant la guerre, tous nos capitaux allaient à l'étranger par les soins des Sociétés de Crédit qui en retiraient seules du profit.

Je ne vous parlerai pas des ruines sans nombre causées à l'épargne française par ces puissants établissements financiers, qui engagent encore aujourd'hui leur clientèle à vendre de bonnes valeurs de chez nous pour lui colloquer des titres douteux qu'ils ont intérêt à placer; il vous suffira, si vous voulez être édifiés sur le rôle misérable joué par les Sociétés de Crédit avant la guerre, de lire le livre écrit par Lysis, intitulé « Contre l'oligarchie financière en France », édité en 1911, et qui fit à l'époque, grand bruit.

Cette orientation financière du côté de l'internationalisme a créé à son tour une nouvelle évolution politique, et permet de comprendre aisément les exagérations à la Chambre de certains groupements nouveaux.

Deux partis sont en présence, en France, actuellement, les nationalistes et les internationalistes, comme au xv° siècle, sous Charles VII, les Armagnacs et les Bourguignons : le parti de « la France aux Français » ne veut s'occuper que de défense nationale et d'exportation, le parti de l'étranger ne rêve, au contraire, que de désarmement et d'importation; ce dernier parti est celui des banques de la finance internationale, et, naturellement comme je viens de vous l'expliquer, celui des partis avancés toujours commandités par les capitalistes.

***

(Cause de la guerre de 1914.)

Si nous envisageons maintenant quelle était la situation militaire et financière de l'Allemagne en 1914, et la comparons avec la nôtre, à cette époque, nous comprendrons facilement pourquoi l'Allemagne a déclaré la guerre.

La guerre a été provoquée uniquement par une question d'argent.

L'Allemagne, effectivement, devait au crédit, uniquement, sa magnifique organisation industrielle et prospérité commerciale, et le plus clair de sa fortune était en papier, qu'elle renouvelait constamment grâce à l'appui des banques étrangères et des françaises notamment : quant à ses revenus en espèces, elle les employait uniquement à sa formidable préparation militaire : elle avait, pour ainsi dire, deux caisses et deux comptabilités, celle de ses affaires intérieures pour ses espèces, celles de ses affaires extérieures pour son papier.

Rappelez-vous, à l'appui de ce que j'avance, les incidents survenus à notre Chambre des Députés, en 1913, au sujet du renouvellement du report des 800 millions or que nous devaient nos voisins, la crise ministérielle qui s'en suivit, notre refus de continuer ce report qui fut fait par l'Amérique au taux de 12 0/0 environ, l'Angleterre, de son côté, ayant également refusé de soutenir sa rivale.

Il est bien évident que si un pays florissant comme l'Allemagne, et qui passait à ce moment pour le premier du monde, acceptait des conditions de report aussi onéreuses pour son Trésor, c'est que ce dernier n'était pas très rempli.

Cette merveilleuse splendeur de l'Allemagne était, en effet, toute de façade, sa caisse était vide, et c'est la politique de l'Angleterre, d'abord, qui a donné l'ordre à ses banques de ne plus lui faire crédit, par crainte de sa concurrence industrielle et commerciale, car elle connaissait admirablement sa situation, politique bientôt suivie par la France, laquelle voyant cette manœuvre a pris peur à son tour des armements fantastiques de sa voisine, et de la tactique belliqueuse et nettement agressive adoptée par les lieutenants de l'Empereur au moment des affaires du Maroc, d'Algésiras, et d'Agadir, qui a précipité les événements.

La France, après l'Angleterre, a donné le coup de grâce à l'Allemagne, en exigeant le remboursement des fameux 800 millions or que cette dernière ne pouvait pas payer sans porter une atteinte grave à son commerce; la preuve en est qu'elle a emprunté à l'Amérique à 12 0/0 pour pouvoir se libérer; elle s'est trouvée, par suite, placée dans cette alternative très grave, ou bien de cesser ses armements en employant dorénavant ses revenus espèces au paiement de ses dettes pour recouvrer son crédit perdu, sous peine de faire faillite, ou bien de se libérer de tout paiement en déclarant la guerre : c'est ce dernier moyen qu'elle a choisi, le trouvant de toutes façons plus avantageux pour elle.

Par le moyen de la guerre, en effet, elle espérait profiter d'une longue, savante et minutieuse préparation d'armements insensés, d'une supériorité numérique qu'elle croyait invincible, et régler complètement ses dettes à coups de canon; de plus, elle faisait dépenser tous les stocks existants de marchandises et d'objets de toutes sortes, accumulés pendant 43 ans de travail et de paix, et, comme elle souffrait elle-même d'une fâcheuse surproduction qui paralysait l'essor de son commerce et de son industrie, elle comptait, la guerre finie, donner à ses affaires une impulsion nouvelle par la reconstruction et reconstitution obligatoires des ruines et destructions que la guerre aurait inévitablement accumulées dans les régions envahies.

Voilà quelle était la situation exacte de l'Allemagne en 1914 et la cause véritable qui a provoqué la guerre; mais, comme il fallait un prétexte pour la déclarer, l'affaire de Serajevo fut habilement machinée.

Quant à nous, pour notre justification, il était difficile, vraiment, de ne pas réclamer ce qui nous était dû, devant les provocations constantes du Kaiser, et toutes les humiliations que, pour éviter un conflit, nos bons politiciens ne cessaient de nous faire subir.

(Le désarroi du Parlement.)

La situation, en France, était, en effet, plutôt déplorable : un optimisme béat; personne ne croyait à une guerre possible, pas même Jaurès; au Parlement, des querelles de partis et des discussions byzantines; en toutes choses un vieil esprit routinier ennemi des nouvelles méthodes et de tout progrès; enfin, un gaspillage éhonté des fonds publics; pour n'en citer qu'un exemple, rappelez-vous la fameuse loi de trois ans votée pour obtenir un crédit de 800 millions devant servir à la défense nationale — probablement l'emploi des 800 millions de la dette allemande — alors que le jour de la déclaration de guerre nous n'avions ni fusils ni munitions : où donc est passé l'argent? Bien mieux, le jour de la mobilisation, le désarroi du Parlement était tellement considérable, et si grande était sa peur de se voir imputer la responsabilité d'engager les hostilités, que l'ordre a été donné à toutes les troupes de notre frontière de l'Est de se replier sur une ligne située à dix kilomètres en arrière : singulière façon, en vérité, de comprendre la défense du sol sacré de la patrie que de permettre à l'ennemi d'entrer chez nous comme chez lui! A quoi servaient, dès lors, les fameuses troupes dites de couverture? Autant valait sans combat, livrer à l'ennemi forteresses, drapeaux et canons!

⁂

(La Marne et Verdun.)

A ce moment, la France était bien considérée, par le monde entier, comme incapable de lutter contre son adversaire, et définitivement perdue; il suffit de deux éléments, cependant, pour assurer sa victoire : sa richesse et l'héroïsme de ses enfants.

Sur les champs de bataille, c'est *la Marne;* l'envahisseur est arrêté; l'on peut enfin s'organiser, et des secours commencent à nous arriver parce que le monde a repris confiance; ensuite, c'est *Verdun;* l'ennemi a perdu la partie ce n'est plus à ce moment qu'une question de temps et d'argent pour le triomphe final, tous les hésitants se rallient à notre cause, notre or nous permet, avec le concours de nos alliés, d'assurer l'armement et le ravitaillement d'un front immense; l'Allemagne multiplie désespérément ses attaques, mais c'est en vain, elle ne peut plus tenir, elle est aux abois, sa caisse est vide; enfin, c'est la dernière offensive, grâce à l'accumulation fantastique d'un matériel immense, acheté à n'importe quel prix : l'Allemagne est vaincue et demande grâce.

C'est donc bien, comme je vous le dis, l'héroïsme de ses poilus et sa richesse qui ont sauvé la France.

(Bouleversement général.)

Mais quel bouleversement social, économique, financier, moral, politique et religieux dans notre pays!

Avant la guerre, le Parlement n'avait rien fait pour prévenir un tel cataclysme, puisqu'il laissait les banques françaises trahir la patrie en avançant librement de l'argent à nos ennemis; pendant la guerre, il a été au-dessous de tout : il ne pouvait en être autrement, d'ailleurs, puisque les députés sont, pour la plupart, et je ne cesse de vous le dire, les très humbles et très obéissants serviteurs du capitalisme.

La guerre a consacré, en effet, le triomphe du capitalisme et de la réaction dans tous les ordres d'idées.

(Social)

Au point de vue social, c'est la perte de la liberté, simplement : les soldats et les citoyens n'ont plus qu'à se taire et obéir; la presse est muselée; c'est le règne de la hiérarchie, du galon et du communiqué officiel; tous les vieux retraités ont repris du service, et sont tellement soumis à l'autorité militaire que certains commandants de dépôt en sont devenus légendaires; on ne connaît plus que l'état de siège, la loi martiale et les conseils de guerre; au front, la moindre défaillance est punie de mort, souvent même sans jugement, à l'arrière, on fusille des civils sous prétexte d'intelligence avec l'ennemi, en revanche, des prêtres et des banquiers peuvent officiellement et librement correspondre avec lui par l'intermédiaire obligeant des bons neutres! C'est ce que Napoléon lui-même, d'ailleurs, n'avait jamais pu empêcher ni comprendre.

(*Financier*)

Au point de vue financier, c'est le laisser-faire et l'impuissance dans toute sa splendeur : quand le gouvernement a besoin d'argent, il emprunte à n'importe qui, et c'est tout, sans s'occuper de savoir comment il pourra rembourser plus tard; c'est le scandale des marchés de la guerre passés par l'Intendance, des achats à l'étranger et des réquisitions inutiles; les obus sont payés aux mortels privilégiés qui les fabriquent plusieurs fois leur valeur; c'est le gaspillage systématique du matériel et de la fortune de la France; les cimetières d'automobiles sont restés célèbres.

(*Politique*)

Au point de vue politique, c'est encore pis, car les deux partis dont je vous parlais tout à l'heure, les nationalistes et les internationalistes sont en présence ; d'un côté, il y a les chauvins qui veulent gagner la guerre, de l'autre, les défaitistes qui seraient enchantés de la perdre; les réactionnaires escomptent même la défaite de la France qui amènerait inévitablement un changement de régime dont ils seraient ravis; de là des sabotages dans certaines usines, des trahisons, de fausses nouvelles sont colportées pour amener la panique, des listes de proscription sont même dressées à l'étranger par certains personnages politiques en prévision d'un coup d'Etat.

(*Economique*)

Au point de vue économique, c'est le gaspillage effréné des réserves et des richesses accumulées pendant 43 années de labeur opiniâtre, des ruines innombrables causées par l'arrêt des affaires et la perturbation sur tous les marchés; c'est l'organisation financière de la vie chère par la hausse des salaires dans les usines, sorte de prime aux gens de l'arrière, moyen monstrueux imaginé par les capitalistes défaitistes du gouvernement pour provoquer des révoltes dans l'armée et des divisions entre citoyens, car les poilus, eux, devaient, pour défendre le pays, endurer les pires souffrances et marcher à la mort, en recevant, pour prix de leur abnégation et de leur sacrifice, la somme dérisoire de cinq sous par jour!

C'est encore la carte d'alimentation, tout le monde est mis à la portion congrue, et, pourtant, c'est également l'importation à outrance et à grands frais des denrées alimentaires et de toutes sortes de produits; ce sont, enfin, les cartes de chômage et les allocations militaires, avec toutes les humiliations pour les malheureux et malheureuses qui sont obligés d'y avoir recours; bien mieux, de minutieuses circulaires, savamment élaborées dans les bureaux du ministre de l'Intérieur, ont la prétention d'entraver l'exercice du pouvoir conféré par la loi aux « commissions cantonales » : je puis en parler en connaissance de cause, puisqu'avant d'être mobilisé j'ai eu l'honneur de faire partie de la première commission de cet arrondissement, et que j'ai dû soutenir à la Mairie de véritables luttes contre l'Administration préfectorale, pour pouvoir donner à de pauvres femmes, quelques bons vieux et autres gens misérables, privés de leur soutien, le morceau de pain qui leur était dû. Ah! j'en ai vu de la misère, à ce moment, et couler des larmes!

(*Moral*)

Au point de vue moral, c'est l'étalage merveilleux et hideux de toutes les vertus et de tous les vices, un mélange incroyable d'héroïsme et de lâcheté; au front, les troupes se font massacrer sans broncher, c'est l'idéal de la beauté morale, de la fraternité et du sacrifice poussé jusqu'au sublime; à force de vivre avec elle, les poilus ne craignent pas la mort, et, suivant une expression consacrée « ce sont toujours les mêmes qui se dévouent et se font tuer », les défaillances sont rares, autant n'en point parler; à l'arrière, c'est également l'admirable dévouement des femmes qui soignent les blessés, la générosité de tous les braves cœurs, qui donnent tout ce qu'ils possèdent, argent, linge, vêtements, provisions, pour venir en aide à ceux qui souffrent, mais c'est aussi, hélas! l'étalage du plus bas égoïsme et de la plus insigne lâcheté; à l'arrière, il y a ceux que l'on a justement flétris de ce titre infamant d'*embusqués;* parmi ceux-là beaucoup ne font pas leur devoir et s'ingénient à ne pas aller au front comme les camarades; ils profitent de leur absence, au contraire, pour prendre leurs places, et quelquefois même s'installer à leurs foyers; ils préparent l'après-guerre à leur profit; ce sont gens de finances ou d'affaires le plus souvent qui commencent déjà à s'enrichir et s'amusent ouvertement pendant que les autres se ruinent ou se font tuer!

(*Religieux*)

Au point de vue religieux, enfin, c'est le réveil de tous les cléricalismes officiels, mais, par contre, la faillite de toutes les religions : au lieu d'anathématiser les combattants, leur prêcher la concorde et la paix, le pardon des injures, et la fraternité des peuples, au nom de leur Bon Dieu, en une ou plusieurs personnes, tous les clergés, sans exception, des deux côtés de la barricade, qu'ils soient juifs, catholiques, musulmans, boudhistes, brahmanistes, fétichistes ou protestants, incitent au contraire leurs fidèles et leurs croyants à se bien massacrer les uns les autres, « pas de quartier », tel est le mot d'ordre, c'est la guerre sainte, et les prêtres au nom du Très-Haut, dont le premier commandement est, pourtant : « *Tu ne tueras point* », bénissent solennellement les troupes, avant de monter à l'assaut, en leur promettant le ciel! Et l'on viendra parler ensuite de conscience et de morale! Quelle honte et quelle responsabilité pour tous ceux qui ne craignent pas, à notre époque, de continuer à donner à la pauvre humanité des enseignements pareils!

(La Guerre.)

Je ne vous dirai rien de cette guerre affreuse, qui a dépassé en horreur tout ce qu'il n'était même pas permis d'imaginer, ni des souffrances endurées et de l'héroïsme des habitants des régions occupées ou bombardées, et pas davantage des dévastations, ruines, ravages et désastres accumulés pendant ces quatre années maudites.

Chacun, d'ailleurs a, de cette triste époque, des opinions et souvenirs personnels et particuliers.

Quant à ceux qui ont fait la guerre, on peut les diviser, à mon avis, en trois groupes distincts : d'abord le groupe du haut commandement, de l'Etat-Major, des officiers supérieurs et des théoriciens, c'est-à-dire de tous ceux qui jouaient aux soldats comme on fait une partie d'échecs, en plantant des épingles et des petits drapeaux sur des cartes, qui faisaient tuer des milliers d'hommes pour réduire un saillant et rectifier des lignes, et dont la maxime était « on ne fait pas d'omelette sans casser des œufs » — cette simple observation ne retire nullement, d'ailleurs, à tous ces grands messieurs, dont la responsabilité était souvent bien lourde, leur mérite, qualités et valeur personnelle; le second groupe est celui des gradés, sous-officiers, lieutenants, capitaines, qui faisaient exécuter, comme ils pouvaient, les ordres donnés par les premiers, ceux-là tâchaient de se donner tout le bien-être possible pour améliorer leur sort, et les bons abris, les bons gites, les bons morceaux, quand il y en avait, étaient pour eux ; le troisième groupe, enfin, comprenait l'immensité de tous les pauvres diables, brigadiers, caporaux et soldats, véritable cheptel humain qu'on menait au combat comme des bêtes à l'abattoir; ceux-là ne peuvent pas avoir les mêmes souvenirs de la guerre que les autres, puisque la plupart d'entre eux ont vraiment, au physique comme au moral, enduré tout ce qu'il est humainement possible de souffrir!! Demandez à un fantassin, ou bien à un artilleur des chars d'assaut de la dernière heure, ce qu'il pense des deux mots fameux si souvent écrits en grosses lettres en tête des communiqués officiels « *on progresse* » et vous verrez ce qu'il vous répondra!

*
* *

(Le Traité de Versailles.)

Je vais aborder, maintenant, la troisième partie de cette conférence, celle qui a trait à la situation qui nous a été faite, après la guerre, par la finance et la politique, sujet d'actualité, puisque nous sommes, comme on dit, « dans le pétrin » et que nous ne savons pas comment nous en tirer.

Quand le traité de Versailles a été signé, tout le monde était d'avis qu'il n'était pas fameux, et on l'a vivement critiqué : mais, quand on examine aujourd'hui, la façon dont les clauses de ce pacte ont été appliquées, on ne peut faire autrement que de se rendre à l'évidence et reconnaître cette incontestable vérité que, si le signataire du traité a agi en bon Français et fait l'impossible pour défendre les intérêts de la France, le Parlement, par contre, depuis que ce citoyen a quitté le pouvoir, a partie liée avec la finance internationale et l'étranger, et trahit purement et simplement le pays.

(La guerre économique et financière des Anglais et des Américains.)

Aussitôt les signatures apposées au bas de cet acte mémorable qui nous donnait enfin la paix, une nouvelle guerre se déclarait, en effet, hypocrite, implacable et féroce, sous le masque de l'amitié, non pas territoriale, celle-là, mais économique et financière : nos bons alliés, les Anglais, et les Américains, après nous avoir empêché d'écraser complètement l'Allemagne, en 1918, en nous faisant signer l'armistice, et promis une alliance défensive en cas d'une nouvelle agression germanique, pour nous obliger à abandonner notre prétention à la rive gauche du Rhin, refusèrent, à leur tour, de faire honneur à leur signature et de tenir leurs engagements.

La guerre de 1914 avait commencé par la violation de la neutralité de la Belgique, et l'on avait trouvé cet acte abominable; la guerre économique et financière de 1918 commence exactement de la même façon, par la violation de l'engagement solennellement pris par l'Angleterre et l'Amérique de nous signer un pacte de garantie.

Bien mieux, l'Amérique, qui semblait si heureuse de venir à notre secours, n'a même pas voulu ratifier la signature de son représentant, qui était certainement, cependant, le personnage le plus important de sa République, puisqu'il en était le Président.

Et l'on semble trouver ces actes tout naturels!

La guerre financière et économique commence alors, sournoise, méchante, perfide, sous le couvert de vives et constantes protestations d'amitié; quant à l'Amérique, elle se désintéresse complètement des affaires de l'Europe, du moins elle le dit, seulement chaque fois qu'il s'agit de nous désarmer, de réduire nos demandes, de ne pas faire droit à nos réclamations et nous tenir en échec, elle se range invariablement du côté de l'Angleterre et se tourne contre nous.

On assiste, dès lors, à ce spectacle véritablement renversant de voir l'ennemi commun de la veille, aidé, soutenu pécuniairement et encouragé par nos propres alliés à refuser catégoriquement de nous payer et d'exécuter le traité de Versailles.

Par contre, nous devons nous-même acquitter toutes nos dettes, et nos amis d'Outre-Manche et d'Outre-Atlantique, nous réclament des sommes considérables qu'ils nous ont, pendant la guerre, paraît-il, avancées.

(*Les dettes interalliées*)

N'oubliez pas, cependant, et cette remarque est d'une capitale importance, Citoyennes, Citoyens, *que le fameux compte des dettes interalliées n'a jamais été fait, ni discuté, ni rendu public, et que nous ne savons pas encore exactement, à l'heure actuelle, ce que l'on prétend équitablement nous faire payer.*

Comment pouvons-nous comprendre, dans ces conditions, la politique gouvernementale? Et cette invariable tactique de nos dirigeants qui ont toujours refusé d'accepter les services de ceux qui avaient le courage, que dis-je, l'audace, de tenir tête à l'Angleterre, et ont tout fait pour les renverser quand ils étaient au pouvoir, mettant en œuvre les plus viles intrigues et les plus basses calomnies.

La raison en est simple, et la voici : la puissance capitaliste internationale *ne veut pas* que l'on fasse ces comptes, et comme elle est souveraine, en France comme ailleurs, la Chambre n'a qu'à obéir.

La puissance capitaliste internationale ne le veut pas, Citoyennes, Citoyens, parce que s'il fallait apurer tous ces comptes on se trouverait en présence de la plus fantastique escroquerie, et du vol le plus gigantesque qui aient jamais été commis envers les peuples grâce à la complicité des gouvernements qui ont la mission de les conduire : tous les fournisseurs des armées, et n'oubliez pas que les usines de fabrication de matériel de guerre et de munitions sont la propriété de la finance internationale, c'est-à-dire commandités par les capitalistes du monde entier, sans distinction de nationalité, tous les fournisseurs des armées, dis-je, ont tellement majoré les prix des fournitures livrées, qu'ils ont réalisé des fortunes incroyables qu'il s'agit, à présent, pour eux, bien entendu, de conserver.

Si jamais l'on examinait ces comptes, ce serait un scandale sans précédent dans les annales du monde, et certainement le plus honteux et le plus répugnant qui se serait jamais vu, car l'on prendrait en flagrant délit tous les naufrageurs et détrousseurs de cadavres qui n'ont pas craint, pendant la guerre, de s'enrichir de tout le sang répandu!

Aussi, les conférences interalliées n'abordent-elles jamais cette question « au fond », leurs orateurs merveilleux discutent seulement sur des théories et des principes, sur les modalités hypothétiques d'un arrangement possible, et c'est tout.

(*Les dommages de guerre*)

Chez nous, c'est encore pis, car il n'y a pas seulement l'affaire des marchés de la guerre, il y en a une seconde, bien autrement malhonnête celle-là, et odieuse à tous égards, c'est celle des dommages de guerre et de la reconstitution des régions libérées.

Le Parlement a agi dans l'espèce comme un véritable flibustier : d'une part, il a appauvri le pays en votant plus de cent milliards pour la réparation de nos ruines et les pensions des mutilés, imputables sur la créance allemande, et, d'autre part, il a gaspillé cyniquement les crédits votés en enrichissant follement les gros capitalistes; vous savez, comme moi, comment de pauvres petits sinistrés n'ont pas encore reçu de quoi reconstruire leur masure, alors que de puissants industriels ont depuis longtemps touché des indemnités formidables, majorées parfois, par une habile multiplication de coefficients imaginaires, de 10 ou 20 fois leur valeur.

Et pour bien vous démontrer que ce que je vous dis est vrai, rappelez-vous simplement le vote monstrueux de la Chambre décidant qu'à partir de la somme de 500.000 francs les dossiers des dommages de guerre ne seraient pas révisés : la revision, bonne pour les petits, ne l'est point pour les gros.

Quant à nous, nous nous trouvons dans cette situation plutôt singulière : d'être chargés d'impôts pour avoir avancé cent milliards gaspillés en partie pour le compte de l'Allemagne, d'être en mauvaise posture vis-à-vis de l'Angleterre et de l'Amérique qui nous réclament des sommes dont le compte, cependant, n'a jamais été établi, et, par-dessus le marché, et cela est le comble, de n'avoir presque rien reçu des Allemands malgré les stipulations du traité de Versailles.

(*Le principe de la capacité de paiement*)

Et vous trouvez que le Parlement a bien agi? Mais, s'il n'était pas complètement asservi à la finance internationale, il ferait tout de même quelque chose pour nous, j'imagine, et n'irait pas accepter si benoîtement ce scandaleux principe de la « *capacité de paiement* » inventé par l'Angleterre et l'Amérique pour empêcher les vaincus de nous payer, lequel principe, par suite des concessions successivement accordées par les misérables gouvernements qui se sont succédé de 1918 à 1925, a fini par réduire de plusieurs centaines de milliards la dette allemande, qui n'existe pour ainsi dire plus aujourd'hui que cette nation a fait faillite.

Que dis-je, mais si cette ignoble politique de trahison continue, c'est la France, demain, vous verrez, qui devra de l'argent à l'Allemagne!

En attendant, le jeu de la finance internationale a bien réussi; grâce à la complicité du Parlement, nous nous sommes endettés en avançant cent milliards pour nous reconstituer, on nous réclame les dettes interalliées, et nous ne touchons, de notre côté, aucune indemnité : comment voulez-vous, dans ces conditions, que le franc ne baisse pas et que nous ne subissions pas les désastreuses fluctuations du change?

Et, pendant ce temp-là, l'Angleterre et l'Amérique, maîtresses de tous les marchés du monde, imposent à l'univers la suprématie de la livre et du dollar!

Quant aux poilus, ils doivent payer toutes leurs dettes, intérêts compris, le principe de la *capacité de paiement,* bon pour l'Allemagne n'existe pas pour eux, tant pis si la guerre les a ruinés, les effets de commerce moratoriés doivent être intégralement acquittés, et la loi votée par le Parlement a même décidé qu'ils seraient productifs d'intérêts, non seulement pendant la durée des hostilités, mais encore pendant le temps accordé aux débiteurs gênés pour se libérer : les banques ne doivent rien perdre, et c'est le tireur de l'effet qui doit payer les intérêts courus pendant la guerre si le tiré en a été exonéré parce que mobilisé. C'est ainsi que la Banque d'Alsace et de Lorraine, pour ne pas la nommer, m'a fait personnellement condamner par la Commission Arbitrale des créances moratoriées de la Seine à lui payer des intérêts allant de 5 0/0 jusqu'à 8 0/0, depuis le 19 octobre 1919 jusqu'en septembre 1924, date à laquelle j'ai fini de me libérer, sur deux effets tirés sur moi par mon imprimeur en 1914; et mon imprimeur, à son tour, a été assigné par-devant le Tribunal de Commerce pour payer à cette même banque d'Alsace et de Lorraine les intérêts courus pendant la guerre, dont j'avais été exonéré, parce que mobilisé. Tout de même, étant donné le nom qu'elle porte, la banque d'Alsace et de Lorraine aurait pu agir autrement envers un de ceux qui l'a aidée à devenir Française : mais, nous n'avons pas les mêmes idées! (1)

(1) Mon imprimeur, condamné à payer ces intérêts, s'est alors retourné contre le tiers qui avait avalisé mes traites, et ce dernier, qui avait pourtant garanti le paie-

Dans tous les cas, quand l'Allemagne ne paie pas, notre Parlement lui accorde l'impunité, mais nous réserve, à nous l'huissier, la saisie et la vente.

(La France trahie par son Parlement.)

Savez-vous, maintenant, après nous avoir mis en si mauvaise posture, ce que fait ce Parlement pour essayer de nous tirer de là?

Oh! c'est bien simple, il fait exactement le contraire de tout ce qui devrait être fait; c'est à croire, réellement, que les Parlementaires qui nous dirigent actuellement ne poursuivent qu'un seul but : le renversement de la République par la ruine de la France.

Et cela est facile à démontrer.

Vous avez déjà pu vous rendre compte, Citoyennes, Citoyens, de la réalité de cette vérité profonde qui régit l'ordre économique des Nations, dont je vous entretenais dans une première Conférence, à savoir que *la libre circulation,* seule, est capable d'assurer la prospérité d'un pays; ce principe, vous disais-je, appliqué par M. de Calonne, en 1785, donna des résultats merveilleux puisque, sans recourir à aucun emprunt, ce ministre rétablit à peu près l'équilibre budgétaire de la France, dont le déficit ne se montait plus, grâce à lui, qu'à une centaine de millions; de même, sous le Directoire, la liberté des transactions amena la fin de la gêne affreuse qui résultait de la vie chère produite par l'inflation et la loi du maximum; de

ment des sommes indiquées sur les deux effets uniquement, a dû régler cependant ces intérêts que je ne devais pas, et, ce qui est le comble, sans pouvoir me les réclamer à moi-même puisque j'étais exonéré par la loi!... quelle justice!...

Bien entendu j'ai désintéressé le tiers obligeant qui m'avait rendu service... finalement ma dette s'est trouvée augmentée de plus de 60 % qu'il m'a fallu rembourser pour me libérer!

même, cette liberté répara en deux ans les désastres de 1815, sous la Restauration, etc...

Vous ne vous imaginez tout de même pas, et je m'excuse de cette parenthèse, que je suis seul à savoir cela, et que les membres du Parlement, qui sont en général des lettrés et des gens instruits, n'ont pas une érudition au moins égale à celle de votre serviteur. Dans ces conditions, comment se fait-il que, dans tout ce qui regarde la marche des affaires publiques, ils ignorent les principes les plus élémentaires de l'économie politique?

Ce n'est pas la peine, vraiment, d'avoir des écoles si remarquables, comme, à juste titre, nous en avons, dans toutes les branches de l'art, de la science et de l'industrie, avec des professeurs si éminents, pour ne pas les consulter, quand on est si nul pour tout ce qui touche aux questions sociales : à moins, d'avoir, bien entendu, un intérêt particulier à ce que tout marche de travers. Et, tel est mon avis.

Tout est savamment désorganisé par le Parlement, en effet, pour que rien ne puisse fonctionner, et toute la vie nationale, par suite, est complètement paralysée, suivant un plan diaboliquement conçu et exécuté.

D'abord, au lieu de faire des économies, nos députés votent sans cesse de nouveaux crédits; le budget grossit; on y remédie par l'inflation, et, comme conséquence, on a la vie chère; pour combattre la vie chère, ils ne trouvent rien de mieux que d'augmenter les salaires : le coût de la vie, par suite, augmente alors de plus en plus.

Quand ils veulent de l'argent, ils ne se servent que de deux moyens : ils lèvent des impôts et font des emprunts; seulement, au lieu de procéder avec prudence et ménagements, ils agissent au contraire, avec une telle brutalité et une telle imprévoyance, qu'ils semblent faire tout ce qu'il faut pour tuer la poule aux œufs d'or : les impôts sont vexatoires et portent atteinte à la liberté même des citoyens, en donnant aux agents du fisc des droits renouvelés du moyen âge, ou de l'Inquisition, de plus ils sont ruineux et portent une sérieuse atteinte à l'évolution économique du pays. Pour ce qui est des emprunts, n'en parlons pas : alors que le principe fondamental de toute opération de ce genre consiste à ne jamais emprunter sans amortir, le Parlement de France, lui, fait le contraire, il emprunte, sans cesse, sans se préoccuper le moins du monde de la façon dont il paiera plus tard, que dis-je, il emprunte à présent à 150 0/0, il emprunte même pour aider l'Allemagne à payer les Anglais, voyez le dernier emprunt, c'est fou! Que sera-ce l'année prochaine?

Après tout, il n'est pas responsable, il se moque pas mal des conséquences de ses actes, tant pis pour ses successeurs, après lui le déluge! La France paiera : oui, mais la France c'est nous!

S'agit-il du commerce et de l'industrie, source par excellence de la fortune de la France, tout est complètement et scientifiquement paralysé, et c'est en examinant la façon dont le Gouvernement s'y prend habilement pour ruiner le pays qu'on reconnaît bien là l'ouvrage de la finance internationale et de la réaction.

Toutes les écoles, vous ai-je dit, enseignent que c'est *la libre circulation* qui assure la prospérité d'un pays : les Allemands, eux, s'en sont bien souvenu, puisqu'après leur défaite, ils ont trouvé le moyen de faire faillite pour ne rien nous payer, mais, en revanche, ont dépensé des centaines de milliards pour doter leur pays d'un réseau de voies ferrées et navigables, de wagons, de navires, de quais, d'entrepôts, de constructions d'usines et de laboratoires avec outillage perfectionné, de travaux d'utilité publique tellement considérables qu'ils sont certainement aujourd'hui, au point de vue industriel et commercial, le peuple le plus puissant et le mieux outillé de l'univers : et, pourtant, ce sont des vaincus!

Notre Parlement, à nous, n'est pas de cet avis, il ne veut pas de libre circulation, lui.

D'abord, les frontières sont fermées, et les droits de douane empêchent toute transaction avec l'étranger; ces mesures assurent la fortune des gros industriels qui ne craignent plus aucune concurrence, accaparent les matières premières pour tuer les petits, et augmentent sans cesse leurs prix.

Ensuite, il laisse les grandes Compagnies de Chemins de fer, ses amies, qui sont également des foyers importants de réaction, augmenter tellement leurs tarifs que ceux-ci sont devenus prohibitifs; nos usines ne peuvent plus faire venir qu'à grands frais, quand elles le peuvent, leur minerai et leur charbon; c'est la gêne obligatoire pour les petites maisons qui ferment les unes après les autres pour laisser la place aux établissements possédant de grands capitaux — c'est tout ce que demandent, d'ailleurs, les capitalistes; — quant aux particuliers ils ne peuvent pas davantage s'approvisionner en province, comme cela était si facile autrefois, et économique pour les familles nombreuses et les gens peu fortunés, car le voyage d'un simple sac de pommes de terre est par trop dispendieux; les prix de toutes les marchandises, accaparées par des intermédiaires, spéculateurs et mercantis, augmentent, par suite, dans des proportions tellement considérables qu'on ne sait vraiment plus quand cette hausse finira par s'arrêter; la vie sociale en est profondément affectée, d'autant plus qu'on ne peut plus construire, le transport des matériaux étant devenu trop onéreux : allez donc, dans ces conditions solutionner la crise des loyers?

Le Gouvernement, lui, ne s'embarrasse pas pour si peu, il laisse tranquillement les propriétaires d'immeubles augmenter leurs prix de location, c'est tout profit pour lui puisque les contributions augmentent en proportion; il parle même, à présent, d'imposer les citoyens sur les signes extérieurs de la fortune, en prenant pour base le prix du loyer, comme vous voyez, pour lui, la hausse a du bon.

Ce que je vous dis des Chemins de fer, je vous le dirai de nos canaux tout à fait insuffisants pour les besoins de notre navigation fluviale; je vous le dirai de nos magnifiques colonies qui ne sont même pas exploitées par des Français, c'est triste à dire et plutôt honteux, mais nous n'avons même pas de bateaux pour assurer nos services commerciaux entre elles et la métropole : cela déplairait à nos bons alliés, paraît-il, si nous avions une marine! Pendant ce temps, eux, accaparent nos propres produits et nous les revendent à prix d'or en profitant du change!

Mais je n'en finirais pas s'il fallait épuiser ce sujet, sans compter que, si je devais entrer dans certains détails de l'œuvre législative de nos députés, je serais amené à vous raconter des choses inouïes, fantastiques, inimaginables!

***

(La République en danger.)

Il me semble, Citoyennes, Citoyens, vous avoir fait suffisamment toucher du doigt la preuve de l'indignité parlementaire : les gens que vous avez chargé de défendre vos intérêts font le jeu du capitalisme international, de la réaction et de l'étranger, ce sont des traîtres à leur pays!

Cela il n'est pas permis d'en douter.

Mais, ce qui est beaucoup plus dangereux encore, pour notre démocratie, c'est l'aide, pour la réalisation de leurs idées, qui est hypocritement accordée, en ce moment, par les financiers, à certains groupements révolutionnaires, lesquels s'imaginent naïvement, de leur côté, être réellement une force dans la société, une puissance avec laquelle on doit compter, et ne se doutent nullement, les malheureux, que ceux qui les excitent reçoivent le mot d'ordre du capitalisme international qui a besoin d'eux, en ce moment, pour renverser la République : car, tel est le but poursuivi par les réactionnaires et les financiers.

Et, si ces derniers obligent le Parlement qui leur est tout dévoué, à lasser le public par des impôts, des vexations de toutes sortes, et surtout l'empêchent de remédier à l'élévation constante du prix de la vie, qui est certainement le plus grand danger qui puisse menacer le prolétariat tout entier, puisque dans le cas d'un chômage provoqué par un lock-out patronal, par exemple, ce serait pour toute la classe ouvrière la misère et la mort, c'est qu'ils espèrent que des troubles, des bagarres, qui pourraient facilement dégénérer en émeutes et même en insurrection, — laquelle serait impitoyablement et terriblement réprimée, d'ailleurs, par leurs mitrailleuses, leurs tanks et leurs avions, — leur donnera enfin l'occasion de renverser le Parlement, qui n'a pas le courage, et pour cause, de faire face à la situation, et s'en tirerait luimême à bon compte et avec satisfaction, puisque la faillite du pays, dès lors, ne serait plus imputable à son ignoble trahison, mais serait mise sur le dos de la Révolution; pendant les émeutes, les intéressés auraient soin de faire mettre le feu à certaines archives et documents, pour anéantir les dossiers compromettants des marchés et des dommages de la guerre, à l'instar des bonapartistes pendant la Commune, puis, une fois brûlées les preuves accablantes de leurs vols et déprédations, ne craignant plus rien du futur Gouvernement, ou bien, ils feraient tomber ce dernier, suivant leur habitude, en ne lui accordant plus aucun secours financier, s'il était trop libéral — et vous savez qu'un gouvernement sans argent ne peut pas subsister — ou bien, ce qui est beaucoup plus probable, sûrs désormais de l'impunité, ils nous imposeraient d'autorité une réaction effroyable; sous prétexte de sauver la situation, un énorme emprunt étranger serait immédiatement contracté en Angleterre et en Amérique qui attendent impatiemment ce moment, puisque ces deux nations détiennent pour ainsi dire l'or du monde entier; après quoi, le bon peuple de France, complètement ruiné, sera de nouveau privé de ses libertés, et devra travailler désormais pendant plus de cinquante ans pour s'acquitter de sa dette envers la finance internationale, qui le tiendra pendant tout ce temps enchaîné; et, comme il ne pourra plus faire face, alors, à ses armements, il sera par suite incapable de lutter contre une nouvelle invasion du vaincu de la veille qui se prépare déjà, ouvertement d'ailleurs, à la revanche, et se propose, ni plus ni moins, cette fois, de l'anéantir.

Voilà, Citoyennes, Citoyens, l'avenir qui nous est réservé par nos bons députés : sans retard, il faut aviser.

N'allez pas croire, toutefois, que la situation soit désespérée, loin de là ma pensée, car la France est riche, elle en a vu bien d'autres! elle « tient » comme ont dit, chose incroyable, depuis plus de six ans, au grand désespoir de ses adversaires qui ne la croyaient pas si solide, elle « tiendra » encore, soyez-en sûrs, et rien n'est perdu; il faut à tout prix, cependant, que nous changions de politique, sans quoi le relèvement de notre franc est impossible, et si le franc ne se relève pas, c'est la misère et la Révolution, parce que, comme dit le proverbe « quand il n'y a plus de foin au râtelier, les chevaux se battent » ! Mais, comme les Révolutions n'ont jamais travaillé que pour la réaction qui est l'inséparable alliée de la finance, il ne faudrait tout de même pas risquer de tomber d'un mal dans un pire, et que nous, les vainqueurs de la guerre, fussions les seuls à en payer tous les frais, et risquions par-dessus le marché d'être, par les soins obligeants de nos parlementaires, mis en servitude : c'est bien assez d'avoir été les vaincus de 1870, humiliés pendant 43 ans!

A toute organisation déplorable, il suffit d'en opposer une autre plus rationnelle pour la modifier, c'est pourquoi je vous exposerai mardi prochain, au cours de ma 3e Conférence, le moyen pacifique et légal suivant lequel il serait parfaitement possible, et même facile, à mon avis, de briser la toute puissance du capitalisme international, pour permettre, enfin, aux hommes d'évoluer par le travail dans la fraternité et la liberté.

La Puissance Capitaliste et le moyen de la briser

Conférence faite le 7 avril 1925, Salle de l'Indépendance, 48, rue Duhesme, Paris (18e).

CITOYENNES, CITOYENS,

Dans ma dernière Conférence, je vous ai démontré la parfaite incapacité du Parlement à résoudre les difficultés de l'heure actuelle, puisqu'il est, en partie, vendu à la finance internationale et à l'étranger, et le danger que le maintien au pouvoir de ces hommes néfastes faisait courir à la République et au pays.

Je vous disais, également, que la finance internationale commandite ouvertement certaines organisations révolutionaires dans le but de renverser le régime, pour nous imposer ensuite une effroyable réaction, et prépare en ce moment, soit par un Coup d'Etat, soit par une insurrection, l'avènement du *fascisme,* avant ou après *le Grand Soir.*

Je vous disais, enfin, que, pour sauver la situation, le nouveau Gouvernement au pouvoir ne pourrait faire autrement que d'avoir recours à un énorme emprunt étranger qui consommerait définitivement la ruine de la France.

Toute cette politique, au fond, n'a qu'un seul objectif : permettre à tous les embusqués, fournisseurs des armées, reconstructeurs des régions libérées, dispensateurs des indemnités aux sinistrés, et autres profiteurs de la guerre, ainsi qu'aux banquiers de la finance internationale, de conserver l'argent qu'ils ont volé, et d'essayer de faire disparaître les preuves de leur culpabilité.

Comme je suis, en ma qualité de philosophe individualiste et indépendant, aussi bien l'ennemi du désordre et de la violence que de la réaction, je vais vous indiquer, aujourd'hui, le moyen pacifique et légal que je préconise pour briser la puissance capitaliste, sans avoir recours à la guerre civile ni à la moindre effusion de sang.

(Contre l'inflation.)

Et, puisque nous connaissons les causes du mal dont nous souffrons, étant donné que la vie chère est le résultat inséparable des effets désastreux du change et de l'inflation, voyons comment nous pourrions les faire disparaître légalement.

(*L'économie*)

Un premier moyen de remédier à l'inflation serait l'*économie;* cette idée, pourtant, n'est jamais venue à l'esprit de nos dirigeants, puisqu'ils votent sans cesse de nouveaux crédits.

N'allez pas croire, cependant, que je veuille recourir aux méthodes de Colbert et de l'Abbé Terray, et que je conseille, par exemple, de mettre à pied, sans indemnité, des fonctionnaires par centaines de mille, pour alléger les charges de notre Trésorerie; le remède, dans ce cas, serait pire que le mal; tous les services publics qui marchent déjà avec tant de difficultés, au grand mécontentement des contribuables — ne serait-ce que celui des téléphones — ne fonctionneraient alors plus du tout, sans compter que tous ces ex-fonctionnaires jetés sur le pavé deviendraient du jour au lendemain de pauvres prolétaires sans travail, et seraient obligés d'avoir recours aux caisses de chômage pour pouvoir subsister.

L'économie consiste à ne pas faire de dépenses nouvelles, simplement, à réduire toutes celles qui sont inutiles, et à remettre à plus tard tous les travaux qui ne sont pas d'un besoin absolument urgent, ou d'un rapport escomptable.

(Révision des marchés de la guerre et des dossiers des dommages et indemnités)

Un second moyen de remédier à l'inflation serait de faire rentrer un peu d'argent pour diminuer la dette flottante.

Pour cela il ne faut pas oublier que la revision des marchés de la guerre n'a jamais été effectuée, pas plus que celle des dossiers des régions libérées, et si vous voulez bien vous reporter aux discussions qui ont eu lieu à la Chambre à ce sujet, et qui sont insérées au *Journal officiel,* vous constaterez avec stupeur que les sommes que l'on pourrait récupérer de ce chef se chiffrent par milliards; un nouveau Parlement pourrait, par conséquent, parfaitement revenir sur le vote monstrueux de la Chambre actuelle qui n'a pas craint de déclarer qu'à partir de 500.000 francs les dossiers des dommages de guerre ne seraient pas révisés; il est intolérable à mon avis, que d'honnêtes citoyens soient chargés d'impôts, en butte aux vexations et à l'arbitraire du fisc qui impose à tort et à travers, sans qu'il leur soit possible de se faire entendre quand ils s'avisent de se plaindre, pour combler le déficit creusé par des fournisseurs de guerre, des profiteurs et des mercantis, qui vivent dans l'opulence et se moquent pas mal de la vie chère et de la baisse du franc.

(Exécution du traité de Versailles)

Un autre moyen, dont nos députés ne veulent pas davantage entendre parler, serait de faire exécuter le traité de Versailles et payer l'Allemagne.

Jusqu'à présent, en effet, nous n'avons pour ainsi dire rien touché, et nos députés semblent trouver cela tout naturel; non seulement ils ont accepté le principe de *la capacité de paiement,* inventé par l'Angleterre et l'Amérique pour accorder à l'Allemagne des réductions de dette tellement fabuleuses que l'on croit rêver quand on les examine, mais encore ils se sont empressés d'évacuer la Ruhr, seul et unique moyen de coercition pour l'exécution du traité et la garantie de nos droits; aussi, nous sommes dupés, et, ce qui est le comble, non pas par l'habileté ou la ruse de nos ennemis, mais par les soins obligeants de nos propres députés.

Une question se pose alors, fort troublante assurément, mais qui n'est pas toutefois sans fondement : jusqu'à quel point le peuple de France est-il engagé par les agissements d'une Chambre qui le trahit? L'Amérique et l'Angleterre nous donnent sur ce point un exemple précieux, en refusant de ratifier les accords passés par leurs représentants!

A mon avis, un nouveau gouvernement pourrait fort bien remettre les choses au point, et, puisque nous en sommes encore à la période des marchandages, des conférences, des commissions et des discours à perte de vue avec nos amis et ennemis, nous pourrions fort bien maintenant déclarer péremptoirement suivant l'expression consacrée, que « nous ne voulons plus rien savoir » et entendons nous faire payer. N'oubliez pas, Citoyennes, Citoyens, que, seule notre organisation militaire nous permet encore de vivre, pour le moment elle est notre sauvegarde, notre unique atout : nous n'avons donc qu'à nous en servir, non pas pour faire la guerre, mais pour l'éviter; le manque d'argent seul empêche actuellement une nouvelle conflagration d'ensanglanter l'Europe, bien que tout soit dès maintenant préparé et organisé par la finance internationale pour en finir, une fois pour toutes, avec la France, foyer des idées libérales et généreuses si dangereuses pour la réaction; dans ces conditions, nous serions vraiment les derniers des imbéciles si nous ne prenions pas les devants et ne faisions sans tarder le nécessaire contre ceux qui ne cherchent qu'à nous anéantir. Il est temps encore, profitons-en, et, par notre attitude résolue, empêchons la guerre : pensons aux quinze cent mille camarades qui n'ont pas craint de faire le sacrifice de leur vie, et n'ont versé leur sang pour la patrie, qu'afin d'empêcher leurs enfants, leurs frères et leurs amis, d'être mis en servitude!

(Entente économique avec l'Allemagne)

Remarquez bien, d'autre part, que l'Allemagne elle-même ne demanderait pas mieux de s'entendre avec nous, mais jusqu'à présent, la finance internationale s'est toujours opposée à une entente profitable pour les deux pays qui amènerait incontinent la paix en Europe, et tous les efforts de ceux qui ont cherché sincèrement un rapprochement honorable entre les deux ennemis en ont été pour leurs frais et jamais entendus; pourtant, les deux peuples sont faits, économiquement, pour s'entendre, car les nations n'échappent pas aux conséquences de leur situation géographique et de la nature de leur sol, l'un a le fer, l'autre le charbon, ils feraient bien mieux de s'associer au lieu de se quereller, la loi de l'intérêt le leur commande, et celle-ci, ne l'oubliez pas est celle qui gouverne le monde; tôt ou tard, d'ailleurs, il faudra en arriver là, autant s'allier tout de suite en évitant la guerre.

Mais, auparavant, il faut faire les comptes, et que ce ne soit pas toujours le même qui fasse des concessions : souvenez-vous qu'en politique toute concession est considérée comme un aveu d'impuissance et de faiblesse, et que l'on doit parler haut et ferme pour se faire écouter. Et puis, n'avons-nous pas encore les souvenirs cuisants de 1815 et 1871 à nous remémorer : quand la France vaincue a dû payer, ses vainqueurs furent inexorables et n'eurent pour elle aucune pitié.

Une fois les comptes faits, il serait facile de réduire notre dette flottante en appliquant à son amortissement les versements de la dette allemande effectués.

Pour remédier à l'inflation, rien n'est plus simple, comme vous voyez.

(Contre le change.)

Etudions, maintenant, les moyens susceptibles d'améliorer le change.

Vous savez qu'il y a plusieurs sortes de changes, le change des monnaies, le change du papier ou des effets de commerce, enfin le change qui représente l'estimation de la valeur commerciale d'une nation par rapport à une autre.

(*Règlement des dettes interalliées*)

Etant donné, maintenant, que l'élément fondamental des prix du change est l'équilibre des engagements réciproques, et que, lorsque cet équilibre est rompu, comme cela arrive quand un Etat a prêté de l'argent à un autre, le débiteur subit, suivant cette loi économique, une dépréciation morale quant à sa situation financière par rapport à celle de son créancier, laquelle se traduit par ce qu'on appelle une « perte au change » en faveur de ce dernier, il est bien clair que notre change, à nous, ne remontera jamais, tant que nous serons considérés par l'Angleterre et l'Amérique comme leurs débiteurs.

Notre premier devoir serait donc, pour savoir ce que nous devons réellement, d'établir sans retard le compte exact des dettes interalliées. Cela, notre Parlement n'a jamais consenti qu'il y fut procédé, pour ne pas déplaire à la finance internationale qui a intérêt, elle, à ce que ces comptes ne soient jamais faits, car, s'ils étaient jamais publiés, ce serait, alors, comme je vous le disais dans ma dernière conférence, un scandale sans précédent dans l'histoire du monde, parce qu'ils établiraient la preuve manifeste de la plus grande volerie du siècle, perpétrée pendant cette guerre affreuse par les fournisseurs des armées. Aussi, chaque fois qu'un chef de Gouvernement a voulu, chez nous, tenir tête à l'Angleterre ou à l'Amérique pour exiger des explications relatives aux prétentions inadmissibles de ces deux alliés, il a été bien vite renversé, par contre, sont en faveur, tous ceux qui laissent dans les conférences, humilier la France, réduire ses armements et la diminuer aux yeux des autres nations.

Et, pourtant, si l'on se reporte aux premières discussions des dettes interalliées, lorsque le traité de Versailles fut signé, on est surpris de constater, d'une part, que nos anciens compagnons d'armes, ont le cynisme de considérer les emprunts que nous avons été obligés de leur faire pendant la guerre, pour assurer l'armement et le ravitaillement d'un front immense, non pas comme une dette de guerre commune entre tous les combattants associés, mais comme une vulgaire dette commerciale productive d'intérêts, d'autre part, qu'ils n'ont voulu accepter les comptes de fournitures que nous leur avons nous-mêmes livrées, qu'au prix de fabrique et même au-dessous de ce prix, alors qu'eux-mêmes nous ont compté leurs produits non pas au prix de gros, mais au prix de détail, et majoré encore quelquefois d'une hausse : ces gens-là sont vraiment commerçants; on blâmait les Juifs, autrefois, pour leur cupidité, je crois que les Anglais et les Américains, peuvent leur rendre des points aujourd'hui!

Il faut donc faire les comptes, mais à la condition que, dans la balance, figurent exactement toutes les pertes ainsi que les profits; en dehors des avantages matériels que l'Amérique et l'Angleterre ont pu retirer de la guerre, il ne faut pas non plus que ces deux peuples oublient que, sans la France, ils étaient perdus.

L'Amérique, en effet, avant 1914, était sur le point d'être conquise par le Japon, elle n'était pas armée et ne pouvait lutter contre les vainqueurs de la Russie; la déclaration de guerre lui permit de fabriquer pour le compte de l'Allemagne tout un matériel d'armée considérable, et, pour son compte personnel des canons et des munitions pour résister aux Japonais; cela la sauva d'un véritable désastre parce qu'elle souffrait à ce moment des fatales conséquences d'une énorme surproduction; à cette époque l'Amérique était nettement contre nous; ce fut le blocus de l'Angleterre qui la fit changer d'opinion : ne pouvant plus approvisionner l'Allemagne, en effet, tout son matériel lui restait pour compte et elle allait être obligée de fermer ses usines; c'était encore une fois pour elle l'inévitable ruine; aussi, se trouva-t-elle bien heureuse de profiter du torpillage du *Lusitania,* ainsi que de la généreuse campagne menée en notre faveur par nos amis d'Amérique et l'ex-président Roosevelt, pour se rappeler que Rochambeau et La Fayette avaient existé, et qu'une vieille dette sacrée, au XVIIIe siècle, envers la France, avait été contractée; l'Amérique, alors, se rangea à nos côtés, changea de client, et fit fortune.

Si cette nation prétend aujourd'hui nous faire payer tout ce qu'elle nous a fourni, et vendu au prix fort, sous prétexte qu'elle nous a sauvé la vie, nous pouvons fort bien lui répondre ceci: « et vous, combien nous donnerez-vous, pour vous avoir sauvé du Japon et de la ruine? Des services pareils se paient, j'imagine, et même n'ont pas de prix »!

Quant à l'Angleterre, elle ne peut pas oublier non plus que, sans nous elle était perdue et mise par l'Allemagne au rang de ses colonies. Certes, elle nous apporta, pendant la guerre, une collaboration de tous les instants, mais, qu'elle a été longue à se préparer, et à transformer la « misérable petite armée du Maréchal French », comme l'appelait dédaigneusement le Kaiser, en cette puissante organisation de combat de la dernière heure!

Pendant tout le temps de sa préparation nous étions seuls à « tenir » et sans la Marne, et sans Verdun, le monde devenait la proie du pangermanisme; ce sont, encore, toujours les Français qui rétablirent la ligne du front quand il se produisit quelque fissure; à la soudure, notamment, certaines défaillances des alliés nous coûtèrent très cher en vies humaines, et nos bons amis les Anglais, soit dit sans reproche, « honni soit qui mal y pense », devraient se souvenir que, sans l'héroïsme de nos poilus au *Chemin des Dames,* l'Angleterre était perdue.

Nos alliés l'ont si bien reconnu, d'ailleurs, à l'époque, qu'ils ont accepté l'unité de commandement, c'est-à-dire de servir sous les ordres d'un généralissime français, ce qui était certainement le plus grand sacrifice qu'ils pouvaient faire à leur amour-propre.

Tout cela serait-il donc oublié maintenant? C'est impossible; voilà pourquoi nous devons rafraîchir la mémoire aux Anglais, puisque, par représailles, pour bien nous faire voir qu'ils sont, aujourd'hui les plus forts, ils voudraient nous ruiner, et nous devons exiger que, dans la balance des comptes, le sang versé par nous pour le salut des autres nous soit compté.

Dans tous les cas, il n'est pas permis un seul instant de douter que nos alliés, quand ils se sont rangés à nos côtés, ont fait la guerre dans leur intérêt propre et non pas dans le nôtre : ils nous le font bien voir.

Relativement aux règlements des dettes interalliées, n'y a-t-il pas, d'ailleurs, un précédent fameux, et les signataires du traité de Paris du 10 mai 1814, après la chute de l'Empire, n'ont-ils pas déclaré *renoncer à leurs créances réciproques et se donner quitus de toutes les sommes qu'ils pouvaient se devoir, parce qu'ils s'étaient battus pour une cause commune!*

(Union avec les pays à change bas et création d'un papier-monnaie à change fixe pour nos échanges réciproques)

Et, puisque nous parlons de 1814, pourquoi ne ferions-nous pas, aujourd'hui contre les Anglais et les Américains, pour remédier à la crise du change, ce que les coalisés, avec l'aide des Juifs, firent contre Napoléon; et qui nous empêcherait, à notre tour, de former une alliance, ou une union avec la Belgique, l'Italie, la Pologne, la Tchéco-Slovaquie, la Yougo-Slavie, la Roumanie, ainsi que tous les pays à change bas, victimes de la guerre, qui voudraient se réunir à nous, et créer un papier-monnaie, d'un montant à déterminer, garanti par toutes les puissances unies, se négociant au pair, c'est-à-dire, à un change fixe, pour nos affaires réciproques, afin de lutter contre la domination de la livre et du dollar?

Nous savons qu'il existe d'autres valeurs que l'or et l'argent pour établir un gage représentatif d'une émission de billets ; la liberté de commerce et d'échange serait décrétée pour tous les Etats de l'Union; on ferait l'inventaire de toutes les marchandises qu'ils seraient à même de se fournir les uns les autres, et l'on créerait un « Office pour le commerce extérieur », sorte de Banque interalliée, sous le contrôle des puissances intéressées, jouant le rôle d'une « Chambre de compensation », pour régler, par différence, les transactions commerciales passées entre elles toutes.

Par ce moyen, et d'après l'inventaire qui serait fait de nos richesses communes, peut-être pourrions-nous, avec le concours de nos nouveaux alliés, mettre en valeur, pour nos besoins communs, notre immense domaine colonial que, et cela est prodigieux, nous n'exploitons point.

Bien entendu, chacun des Etats associés conserverait son étalon d'or ou d'argent, c'est-à-dire sa monnaie nationale, pour ses échanges avec les pays autres que ceux de l'Union, car il ne s'agit en aucune façon de boycotter qui que ce soit, et chacun resterait parfaitement libre de s'approvisionner où bon lui semblerait; l'intérêt seul, du reste, le guiderait dans l'espèce, et il aurait le choix entre *le certain,* c'est-à-dire le change fixe qui supprimerait l'agiotage et la spéculation, et l'*incertain,* c'est-à-dire le change variable qui permet actuellement à la finance internationale de ruiner les peuples.

Et comme la liberté des transactions serait admise, l'Angleterre et l'Amérique n'auraient rien à dire; nous agirions seulement avec ces deux pays par réciprocité.

Une pareille Union mettrait à sa vraie place cette véritable caricature qu'on appelle la « Société des Nations », dont le principe, certes, est excellent, mais qui est devenue par le mélange des intérêts multiples et différents des éléments qui la composent un véritable foyer de discordes, de marchandages, de trahisons : pour s'en convaincre, il suffit de considérer le rôle piteux que nous, les vainqueurs de la guerre, y jouons!

(*Réglementation du marché de la Bourse*)

L'Union que je préconise nous permettrait, enfin, d'assainir nos finances par une réglementation du marché de la Bourse, et l'évasion de nos capitaux à l'étranger en serait grandement diminuée : la cote de la Bourse comprendrait par exemple, trois compartiments de valeurs, les françaises, celles des pays de l'Union, et les étrangères; l'agiotage et la spéculation seraient interdits sur les deux premiers compartiments, les ventes et les achats devant être effectifs, au comptant et à terme, c'est-à-dire réels, sans règlement de différences aux liquidations; les agents de change recevraient les ordres directement, soit des banques françaises, soit de « la Banque de l'Office pour le commerce extérieur »; quant aux valeurs étrangères, le marché en serait absolument libre, et livré à toutes les vicissitudes de l'agiotage et de la spéculation; tant pis pour les joueurs! Quant aux étrangers qui voudraient acheter ou vendre de nos rentes, ou de nos titres, leurs ordres seraient transmis par les banques avec la désignation spéciale « ordre étranger », et les agents de change seraient chargés d'en tenir le compte et d'en fournir la situation; de cette façon, nous saurions exactement où se trouve notre argent, et les coups de Bourse de la finance internationale ne seraient plus possibles, le public, alors, aurait pleine et entière confiance dans nos propres valeurs et celles de l'Union.

L'évasion de nos capitaux pourrait être également enrayée par une réglementation des Compagnies d'Assurances, lesquelles sont actuellement obligées de se réassurer elles-mêmes à l'étranger, pour la division de leurs risques, et exportent librement ainsi, chaque année, des sommes qui seraient bien mieux chez nous : la réassurance, dès lors, ne leur serait permise que dans les pays de l'Union.

Une semblable organisation permettrait aux nations associées d'empêcher l'accaparement de leurs produits par la finance internationale et l'élévation des prix provoqués par la spéculation, elle nivellerait bientôt les cours de toutes les marchandises et supprimerait les effets désastreux du change actuel, car les autres pays, pour vendre leurs produits, seraient bien obligés, le marché étant libre, de baisser leur prix, eux aussi.

Cette Union empêcherait également une nouvelle guerre de se déclancher : il ne faut pas oublier, en effet, que si le contrôle des armements empêche l'Allemagne, théoriquement, de fabriquer du matériel d'armée, pratiquement il ne peut pas lui interdire d'avoir des fabriques à l'étranger, et tous ceux qui ont voyagé ne cessent de répéter que les Allemands fabriquent leurs Zeppelins en Espagne et en Suisse, leurs avions en Hollande, leurs munitions en Russie, et que leur formidable outillage d'usines et de laboratoires peut être instantanément transformé et servir à la construction de nouveaux engins de guerre d'une puissance meurtrière inconnue à ce jour.

Au lieu de s'inquiéter, le Gouvernement fait publier par ses journaux un sempiternel « tout va bien », et trompe délibérément le public en lui laissant ignorer la gravité de la stuation.

L'Union empêcherait la guerre en entourant l'Allemagne d'un barrage naturel; tous les petits États, par la force même de cette Union, n'auraient plus rien à craindre de leur redoutable voisin, et leur crédit, ruiné par la spéculation deviendrait effectif et rémunérateur.

Pour former cette Union il suffit de s'entendre : ainsi le veut d'ailleurs la communauté des intérêts.

Voilà, Citoyennes, Citoyens, quelques mesures propres à faire baisser le change, et remonter le franc, en évitant la guerre.

(Contre la vie chère.)

Les remèdes contre la vie chère ne sont pas plus compliqués.

Et, d'abord, il faudrait bien vite en revenir à l'application du principe de l'économiste Gournay et de M. de Calonne, c'est-à-dire aux « merveilles de la circulation » qui sauvèrent la situation une première fois sous Louis XVI, une seconde fois sous le Directoire, après la faillite des assignats, et une troisième fois sous Louis XVIII après les désastres de 1815.

Le protectionnisme, en effet, est une erreur, au point de vue social, parce qu'il affaiblit une nation en subventionnant des industries qui ne marchent pas, ou périclitent, au détriment de celles qui pourraient, avec l'argent donné aux premières, prospérer et faire la fortune de l'Etat. Le protectionnisme supprime la libre concurrence, et, par suite, paralyse l'initiative privée, ainsi que l'exportation, et provoque la guerre des tarifs; il ruine enfin le pays, pour le seul profit de quelques producteurs, en faisant payer au consommateur un prix beaucoup plus élevé pour des produits qui lui reviendraient à bien meilleur compte s'il les achetait ailleurs.

(La liberté des transactions et la libre circulation)

Il faudrait donc décréter tout d'abord *la liberté des transactions* pour amener immédiatement de l'activité dans le pays, et, comme corollaire, une fois les frontières ouvertes, *la libre circulation* pour faciliter les échanges, les exportations et les importations.

La France ressemble, à l'heure actuelle, à une pauvre malade sur le point d'étouffer, à qui l'on ferait des compressions et des ligatures pour l'empêcher de respirer, au lieu de la débarrasser de tout ce qui l'oppresse pour rétablir sa circulation générale et la décongestionner : un sérieux abaissement des tarifs des chemins de fer, rapidement compensé par l'intensité d'une circulation toujours croissante, permettrait enfin au pays de vivre et de travailler; on pourrait alors construire, et en finir avec la crise des loyers; il faudrait aussi augmenter les réseaux, faire de nouvelles routes et creuser des canaux.

(Un canal de Nantes au Rhin)

Un canal, surtout, serait nécessaire pour donner à la France une puissance et une richesse exceptionnelles, en conformité avec sa situation géographique : c'est le canal de Nantes au Rhin et au Lac de Constance où tous les pays de l'Union, dont je vous parlais à l'instant, pourraient acheminer leurs produits vers la France et les deux Amériques, car telle est la grande route naturelle de l'Europe pour ses débouchés économiques. Aujourd'hui Hambourg et Rotterdam sont les points de départ de toutes les lignes de navigation inter-océaniques, nos ports n'ont plus de trafic, Le Havre n'est plus qu'un point d'escale alors qu'autrefois il était tête de ligne; ce serait si simple de donner à la France meurtrie tout son lustre d'antan; que faudrait-il pour cela? rien qu'un peu de travail!

Ce projet, d'ailleurs, n'est pas nouveau, il date de 1909, et le Docteur Papillon, à cette époque, s'adressait vainement aux capitaux français pour le réaliser à peu de frais.

Depuis combien de temps parle-t-on également du canal des Deux-Mers!

Il faudrait tout de même bien secouer cette inertie coupable, ce nonchaloir, cette indifférence, et profiter des trésors que la nature nous a donnés.

Et la voilà bien l'occasion rêvée de placer des nuées de fonctionnaires inutiles, sans les mettre à pied, pour le plus grand profit du budget, dans les bureaux et chantiers de ces nouvelles entreprises!

(Un carburant national)

On pourrait éviter, également certains achats ruineux à l'étranger, en empêchant, dans nos campagnes, le gaspillage et la perte d'un nombre incalculable de résidus et de produits, lesquels, s'ils étaient judicieusement et convenablement traités, deviendraient une source de fortune pour la France.

Il faudrait, avant tout, obliger les cultivateurs, et je crois qu'en faisant appel à leur patriotisme ils accepteraient de bon cœur cette obligation, à porter à des alambics communaux ou banaux les résidus de leurs récoltes, fruits tombés ou de mauvaise qualité, marcs, détritus de toutes sortes, pour en faire un *carburant national* devant servir à l'agriculture et à l'industrie; ce qui est gaspillé et perdu dans nos campagnes est inimaginable; les cultivateurs, d'ailleurs, y trouveraient leur compte puisqu'ils recevraient gratuitement de quoi faire marcher leurs machines et leurs tracteurs, et cette économie appréciable leur permettrait, peut-être, de moderniser enfin leur système de culture : cela nous éviterait d'acheter à l'étranger de l'essence à prix d'or.

(Meilleure utilisation des Préfets)

Les Préfets, d'autre part, agents électoraux par excellence, pourraient avantageusement être transformés, et alors ils seraient utiles à quelque chose, en agents commerciaux chargés de dresser dans chaque département l'état des ressources, des besoins et des excédents pouvant être répartis dans le pays, ou exportés; au besoin, des centres régionaux d'approvisionnement seraient établis, avec trains de marée spéciaux, etc...

Tout cela n'est pas difficile, vraiment, à réaliser! Mais, que voulez-vous faire dans un pays où les pouvoirs publics sont l'ennemi du public, ne cherchent qu'à le brimer, et perdent leur temps à discourir, en s'occupant, uniquement, non pas des intérêts de la nation, mais de ce que peut leur rapporter personnellement cette aberration sociale qu'on appelle la politique de parti?

Avec un peu d'organisation et de bonne volonté, pourtant, que de richesses gaspillées nous rendraient tous heureux en faisant baisser immédiatement le prix de la vie!

(Surveillance de l'immigration)

L'immigration devrait surtout être tout spécialement surveillée.

Alors que tous les Etats ont fermé leurs frontières, Amérique, Angleterre, Italie, Russie, Allemagne, où pas un Français ne peut habiter, la France ressemble à un véritable asile de nuit où tous les indésirables du monde entier viennent chercher un abri; nous sommes véritablement envahis. Certes, la France est accueillante et sa généreuse hospitalité est universellement connue et appréciée; au contact de notre humanitarisme, de notre libéralisme et véritable fraternité, nos hôtes passagers ne peuvent que garder toujours le souvenir de notre culture et de notre bonté; malheureusement, certains éléments étrangers profitent de notre insouciant esprit de liberté pour semer chez nous les germes destructifs d'une œuvre de décomposition sociale et de mort; si nous n'y prenons pas garde nous serons bientôt la proie de tous ces misérables, instruments par excellence de la finance internationale qui cherche à nous ruiner.

(Les Secrets ou Protocols des Sages de Sion)

On parle toujours, en effet, de fanatisme religieux, et l'on ne tarit pas d'imprécations contre l'intolérance catholique et les bûchers de l'Inquisition, la férocité des protestants pendant les guerres de religion, la sanguinaire propagande religieuse des musulmans, les actes de terrorisme isolé des anarchistes et autres mystiques ou illuminés, la libre pensée elle-même est traitée de sectaire; par contre, personne ne parle jamais du fanatisme religieux des Juifs, ni de la divulgation du plan monstrueux élaboré par les chefs de ce peuple pour la conquête du monde, dans le but de placer l'univers sous le joug d'Israël, qui fut présenté au Conseil des Anciens par Théodor Hertzl, surnommé « le Prince d'Exil », lors du premier Congrès Sioniste réuni par lui à Bâle en août 1897.

Ce plan qui fut volé par un espion, et divulgué, est intitulé : « Les secrets ou Protocols des Sages de Sion »; on le publia à Saint-Pétersbourg en 1902, 1911 et 1917; un exemplaire russe a été déposé à la bibliothèque du British Museum de Londres en 1906; enfin l'ouvrage a paru en français dans « la Revue Internationale des Sociétés Secrètes » par les soins de Monseigneur Jouin et se trouve édité chez Emile Paul; c'est vous dire que le document est authentique.

Les Protocols des Sages de Sion constituent le monument le plus effroyable et le plus scientifiquement conçu pour la désorganisation systématique et complète de la société moderne; pour arriver à ce but, qui doit assurer la puissance des Juifs par la possession de l'or et des richesses de l'univers, tous les moyens sont bons, même les plus révoltants : corruption, idées fausses, révoltes, insurrections, guerres civiles et mondiales, crises économiques, vie chère, accaparement, spéculation, renversement de toutes les croyances par l'apologie et la propagande du matérialisme, dissolution de la famille et de toutes les idées reçues sur l'honneur, la droiture de caractère, la vertu, etc., etc.

Ce plan stratégique, devant amener le triomphe d'Israël par la ruine des peuples est certainement la plus orgueilleuse expression du fanatisme le plus exalté, et de la haine la plus farouche contre tout ce qui n'est pas juif; ce qui est certain, c'est que sa morale laisse loin derrière elle celle pourtant si décriée du « Prince » de Machiavel, ou celle encore du Jésuite Escobar.

Après la lecture de ces Protocols on comprend sans peine que la guerre mondiale de 1914, la révolution russe et le bolchevisme sont l'œuvre, je ne dis pas seulement des Juifs, car il n'y a pas que les Juifs qui aient le culte du veau d'or, mais bien de la finance internationale dont les Protocols sont l'expression.

On comprend également pourquoi Karl Marx qui était juif, mystique et Prussien a fait avorter en 1865 « l'Internationale ouvrière » du Français Tolain, et l'on comprend, aussi, toutes les exagérations et même l'absurdité des théories de certains partis politiques, ainsi que l'incohérence et le gâchis dans lequel nous vivons, puisque notre Parlement est composé en majeure partie de gens vendus au capitalisme international.

Et c'est pourquoi l'immigration doit être surveillée, parce que nous risquons en ce moment d'être submergés par une véritable inondation d'étrangers, ainsi que de Juifs venus de l'Europe centrale et de l'Orient qui prennent notre pays pour « la terre promise » du temps des Hébreux.

Si ces derniers étaient de pauvres gens, venant chez nous pour travailler pour vivre parce qu'ils sont malheureux, il n'y aurait, pour satisfaire aux lois de l'humanité, qu'à leur donner de l'occupation et du travail, mais c'est qu'il ont les poches bien garnies, au contraire, et ne viennent ici que pour s'emparer du commmerce, rafler les marchandises, s'enrichir des dépouilles d'autrui, spéculer et faire monter les prix; de plus, ils sont pour la plupart des fanatiques, par conséquent très dangereux, car l'œuvre satanique des Protocols des Sages de Sion se poursuit systématiquement grâce à eux.

Toute notre vieille culture française, en effet, qui nous donnait jadis la première place dans le concert des nations, se trouve attaquée de front maintenant par une importation de doctrines funestes, et celles-ci, malheureusement, font des adeptes parmi les snobs et les ignorants; en religion, c'est l'apologie du matérialisme le plus grossier, avec l'étalage de tous les vices et de la plus complète immoralité; en littérature, c'est le *dadaïsme*, c'est-à-dire la négation du style, des belles images et de l'idée; en peinture, en sculpture, en architecture, c'est *le cubisme, l'insenséisme,* le culte du laid au lieu de la beauté, avec une absence totale d'harmonie dans la forme, et une ignorance absolue des lois de la lumière, des couleurs et des proportions; en musique, c'est le triomphe de la dissonance, des accords faux, du mauvais goût et du bruit; en affaires, l'agiotage, la spéculation, l'exploitation cynique de toutes les situations difficiles, le mercantilisme et la mauvaise foi, sont en honneur, les honnêtes gens sont traités d'imbéciles, et dans le commerce les gens voudraient faire fortune en trois ans.

Et il faut croire que la France est bien malade, et bien intoxiquée par tout ce poison, puisque tels des corbeaux, les mercantis accourent de tous les points de l'horizon pour se ruer sur son cadavre!

Il est temps d'endiguer ce flot montant, d'autant plus que nous sommes en ce moment, et la plupart des gens ne s'en doutent nullement, en pleine guerre de religions, et pris pour ainsi dire entre trois feux ou périls redoutables : le *péril clérical* ou catholique, le *péril protestant* ou anglo-saxon et le *péril juif;* il n'y a rien à dire en effet du *péril musulman,* puisque nous avons eu l'esprit d'autoriser l'Islam, pour le remercier de sa belle conduite à nos côtés pendant la guerre, à construire une mosquée à Paris, ce qui est certainement au point de vue social, international et religieux le fait le plus important des temps modernes. Les Anglais, d'ailleurs, l'ont si bien compris qu'ils ont envoyé un des premiers lords du Royaume-Uni pour inaugurer solennellement l'Université hébraïque qu'ils ont autorisé les Juifs à fonder à Jérusalem, afin de contrebalancer l'influence musulmane. Il n'y a rien à dire non plus du *péril jaune*, parce que ce dernier est encore un peu éloigné; mais les trois premiers sont tellement menaçants que nous nous trouvons exactement dans la situation critique d'un voyageur égaré chez des cannibales qui devrait choisir la sauce à laquelle il préférerait être mangé : la sauce cléricale ou catholique, c'est la réaction, la guerre civile, les emprunts étrangers, et pour le prolétariat la misère et la perte de la liberté; la sauce anglo-saxonne ou protestante, c'est l'étranglement par l'Angleterre et l'Amérique amies de l'Allemagne, le démembrement et la servitude; la sauce juive, c'est la révolution, la désorganisation totale, la fin de la France.

Avant de faire notre choix, essayons plutôt de trouver le moyen de ne pas nous laisser manger, et voyons s'il ne serait pas possible, au contraire, de briser cette puissance capitaliste qui s'apprête à nous dévorer.

(Contre la domination du capitalisme international.)

Quand un ennemi est redoutable, il est nécessaire, avant de l'attaquer, de reconnaître ses positions, de s'assurer de la nature de sa force, de l'importance de ses moyens d'action, et tâcher de découvrir son point faible, ou vulnérable, par lequel il est possible d'en venir à bout.

Nous savions déjà que le capitalisme est tout puissant parce qu'il possède l'or, grâce auquel il achète la presse et les hommes de tous les gouvernements, les Protocols des Sages de Sion nous apprennent, à leur tour, que les seuls moyens dont il se sert pour s'emparer de toutes les richesses sont : *la corruption, l'accaparement de toutes les branches du commerce*, et *la spéculation.*

Instruits maintenant sur la situation de notre adversaire, ainsi que sur la valeur de ses armes de combat, nous sommes nécessairement amenés, par la force même des choses, si nous voulons terrasser le capitalisme, à combattre toujours sur le terrain économique, commercial et moral.

Le point de vue moral étant beaucoup trop complexe pour être même effleuré dans cette Conférence, je n'envisagerai que *le point de vue commercial* en vous parlant de la Banque et du Commerce qui sont de même essence et vivent de la même façon, le Commerce par le trafic des marchandises et la Banque par celui des valeurs.

«Le commerce », a dit un moraliste, « est l'art d'acheter 3 fr. ce qui en vaut 6, et de revendre 6 fr. ce qui en vaut 3 ».

Cette boutade signifie que le commerçant est l'intermédiaire naturel et obligatoire de tous les échanges entre le producteur et le consommateur, et fait la loi aux deux : il achète le meilleur marché possible au premier pour revendre le plus cher possible au second, ce qui revient à dire qu'il les exploite tant qu'il peut.

Il est clair, dès lors, que, si ses capitaux lui permettent d'accaparer les marchandises, il peut les revendre au prix qu'il veut : aussi, *la liberté absolue du commerce,* qui fait intervenir, à son tour, le facteur de *la libre concurrence,* est-elle la seule protection du consommateur contre l'exploitation du marchand; quant au producteur, il ne demande qu'une chose, c'est d'avoir des commandes, c'est-à-dire du travail pour son usine, son champ ou son atelier; mais, lui aussi est exploité par le marchand, parce qu'il a besoin de lui, tant pour se procurer les matières premières et les outils nécessaires à sa fabrication que pour vendre ses produits; il est obligé, en outre, de faire d'énormes avances de capitaux pour pouvoir transformer la matière première en produit fabriqué, car chaque

6

semaine les ouvriers doivent être payés, aussi a-t-il toujours besoin d'argent, et la concurrence pour lui, à l'encontre du consommateur, a-t-elle pour effet de le ruiner, car il est de règle, dans l'industrie, que toujours les petits, faute de capitaux, sont mangés par les gros; quant à l'ouvrier, il ne sait jamais la veille s'il aura du travail le lendemain.

Lorsque tout va bien, c'est-à-dire quand les affaires marchent, l'argent abonde, le crédit est facile, parce que la situation politique et économique est tranquille, c'est le bonheur, — ce qui n'empêche pas, bien entendu, d'entendre toujours crier et se plaindre, les gens n'étant jamais contents de leur sort — mais quand la paix est troublée, par une cause quelconque, alors tout va mal, les affaires étant mauvaises les commandes diminuent, les usines s'arrêtent, l'ouvrier chôme, mange ses économies s'il en a, et puis c'est la misère; pendant ce temps les prix augmentent et le consommateur en pâtit; le capitaliste, par contre, et cela ressort péremptoirement de tout ce que je vous ai dit, est le seul à profiter de la ruine et du malheur des autres.

(*Organisation professionnelle*)

Etant donné ces prémisses il est facile d'en tirer la conclusion : à la force agissante du capitalisme il est nécessaire de lui opposer une force contraire pour rétablir l'équilibre; dans l'espèce, il suffirait d'une union des producteurs entre eux pour faire la loi aux marchands, c'est-à-dire réglementer le commerce; et cette union profiterait également au consommateur. On opposerait ainsi l'*organisation professionnelle* au manque absolu d'organisation actuel du monde industriel dont tous les usiniers et les fabricants, livrés à leurs propres ressources, et divisés par les idées religieuses et politiques ainsi que par la différence de leurs moyens personnels, ne s'entendent pas entre eux; et cette division et désunion sont savamment entretenues et exploitées par le capitalisme qui peut ainsi accaparer et spéculer.

De cette façon, *l'accaparement* ne serait plus possible ni permis, puisque toute la production serait entre les mains des organisations professionnelles qui en fixeraient le prix.

Au point de vue social, d'autre part, l'organisation professionnelle amènerait l'union obligatoire de tous les citoyens en les groupant suivant leurs intérêts communs, et leurs divergences d'opinions au point de vue politique et religieux, ou différences de fortune, ne contribueraient plus, dès lors, à les faire se ruiner et se battre pour le plus grand profit des capitalistes et de l'étranger : on reformerait la fameuse union sacrée, mais non plus, cette fois, pour se massacrer avec ses voisins, mais pour bien vivre.

Par le moyen d'une organisation professionnelle il serait donc possible de constituer un *nouveau nationalisme* qui permettrait à l'industrie de secouer le joug du capitalisme; et cette organisation serait féconde en profits pour les travailleurs; quant aux intermédiaires, ils gagneraient leur vie comme tout le monde, puisqu'ils sont les auxiliaires indispensables de l'industrie, mais ils ne pourraient plus ruiner personne pour s'enrichir.

On peut donc facilement enlever à la finance internationale le premier élément de sa toute puissance, qui est l'accaparement, en opposant au principe de désunion qui fait sa force le principe contraire de l'association.

Reste maintenant à envisager le second élément qui lui procure l'or et les richesses, à savoir *la spéculation.*

(Banques professionnelles)

La spéculation, à son tour, pourrait être définitivement empêchée d'exercer ses ravages *par la simple transformation des banques actuelles en banques professionnelles*, et, tant au point de vue national qu'au point de vue international, les conséquences d'une pareille transformation seraient incalculables.

Il ne faut pas oublier, en effet, que toute la puissance actuelle de ces formidables entreprises de spéculation, qu'on appelle les Sociétés de Crédit, est factice et repose sur du sable uniquement, puisque, pour s'enrichir, les dirigeants de ces vastes établissements *se servent d'un argent qui n'est pas à eux, mais appartient au public :* il suffirait donc simplement, toujours d'après la loi des forces contraires, pour leur enlever leur puissance, de les priver de cette arme redoutable, l'argent, en donnant à tous ceux qui ne veulent pas garder leurs fonds chez eux et se font ouvrir des comptes de dépôt dans ces grandes maisons, la possibilité de verser leurs espèces dans d'autres banques françaises aussi sûres, mais dont les dirigeants ne seraient pas inféodés au capitalisme international et se serviraient de leur argent, non plus pour faire des coups de Bourse, afin de se remplir les poches, mais pour le plus grand profit, au contraire, des organisations professionnelles, c'est-à-dire de toute la nation.

En réalité, le formidable apparat des Sociétés de Crédit n'est qu'un immense trompe-l'œil, ces dernières sont des outres magnifiques dans lesquelles il n'y a rien dedans, de véritables baudruches bien gonflées que le moindre coup d'épingle peut faire éclater : que le public en effet, cesse un instant de leur confier ses fonds, elles périssent immédiatement. La création de banques professionnelles les tueraient infailliblement; celles-ci seraient en rapport entre elles ainsi qu'avec la Banque de France qui leur servirait pour ainsi dire de « chambre de compensation » pour leurs échanges réciproques; elles seraient également en rapport avec la Banque de « l'Office pour le Commerce extérieur », dont je viens de parler à propos d'une Union avec les pays à change bas, pour ce qui regarderait leurs relations avec l'étranger : de cette façon, tout notre argent resterait en France, ou n'en sortirait que pour les besoins réels et absolus de nos affaires.

Quant aux banques étrangères installées en France par la finance internationale, et qui ressemblent aux ventouses d'une pieuvre géante qui voudrait enserrer le monde dans ses bras gluants pour sucer tout son sang, elles seraient soumises au contrôle de « l'Office pour le commerce extérieur » et ne pourraient par conséquent plus spéculer. En ce moment, à tous les coins de rue se trouvent des maisons de banque, qui jouent à la Bourse et favorisent toutes les spéculations; autrefois, il n'y avait qu'un petit nombre d'arbitragistes, calculateurs habiles, pour s'occuper du change; les arbitragistes, aujourd'hui, sont remplacés par des machines : quand on appelle les cours, n'importe qui, pour obtenir sans fatigue les chiffres exacts des différences, n'a qu'à faire mouvoir des tirettes et des rouleaux; il s'ensuit que l'épargne est ruinée par des jeux insensés qui faussent les cours en ne les faisant plus correspondre avec la réalité, et que tout notre argent au dehors est aspiré; songez qu'avant la guerre les sociétés de Crédit faisaient sortir de France, et prêtaient à l'étranger, dans les trois à quatre milliards environ d'épargne française chaque année.

Avec des banques professionnelles la spéculation ne pourrait plus exister.

(*Unification des valeurs de même nature*)

Il serait facile, ensuite, de procéder à l'*unification des valeurs de même nature en leur attribuant un cours fixe sous la garantie de chaque profession;* par ce moyen, l'épargne n'hésiterait pas à placer ses économies dans les organisations professionnelles du pays, car elle serait assurée de ne pas les perdre : le public, en effet, se soucie peu de la hausse des cours, ce qui l'intéresse c'est que son avoir ne soit pas diminué quand il est obligé de réaliser, et il préfère toujours les placements « de père de famille », comme on dit, aux aléas de la spéculation.

Au point de vue national, l'organisation professionnelle nous permettrait, par conséquent, de connaître toutes nos ressources, de les avoir constamment en mains et de les employer au mieux des intérêts communs.

(*Organisation du travail*)

Par le moyen des banques professionnelles nous pourrions aussi faire nos assurances nous-mêmes, et, pour la réassurance de nos risques, nous n'aurions plus à exporter de capitaux à l'étranger; nous pourrions, également, réaliser le rêve des socialistes de tous les temps, c'est-à-dire *organiser le travail* et assurer, par un léger prélèvement effectué sur le travail des adultes, de quoi créer des écoles professionnelles pour les enfants et donner une retraite honorable aux vieillards.

L'organisation professionnelle détruirait encore cette erreur des temps modernes que l'on nomme « l'Etat patron »; les organisations professionnelles seules seraient chargées de toutes les entreprises et travaux, ceux-ci nous reviendraient moins cher et seraient mieux faits; enfin, quand une organisation aurait quelqu'excédent de capitaux, elle pourrait, pour le compte de ses membres, acheter des terrains et bâtir des immeubles : on ne pourra jamais, d'ailleurs, solutionner la crise des loyers, ainsi que le problème des habitations à bon marché, qu'en procédant de la sorte.

(*Union Nationale et Internationale*)

Au point de vue international, la création de banques professionnelles serait, également, profitable aux autres nations, car elle ferait naître entre les mêmes professions des différents pays des rapports d'amitié réels, par suite de la communauté des intérêts réciproques; il s'agirait, dès lors, entre peuples, non plus de se faire concurrence et de se ruiner, mais simplement de travailler honnêtement et fraternellement sous le même soleil, pour pouvoir vivre, et « la loi de l'offre et de la demande » qui a été érigée par le capitalisme international en une véritable loi d'exploitation sociale, redeviendrait ce qu'elle n'aurait jamais dû cesser d'être réellement : une « loi délimitant et réglementant la production ».

La reconstitution de l'*union nationale* française, sans souci des opinions politiques ou religieuses, sur le terrain neutre des intérêts économiques permettrait donc également et dans les mêmes conditions, l'*union internationale* de ces mêmes intérêts avec les autres pays, quelle que soit la forme de leurs gouvernements.

De cette façon, seulement, nous pourrons véritablement éviter la guerre, parce que chacun chez soi, dès lors, et ce serait l'intérêt de tous, pourrait surveiller efficacement la fabrication des armements, les Etats devant justifier de l'utilisation des matières premières à l' « Office pour le commerce extérieur » qui établirait les statistiques. Pour le moment, effectivement, cette surveillance est illusoire, et, tout en faisant les bons apôtres et prêchant sans cesse le désarmement, les gouvernements, en réalité sont en train de s'armer jusqu'aux dents; partout on continue à fabriquer des armes et des munitions; de vastes entreprises financières internationales commanditent des usines dans tout l'univers; en sous-main, une diplomatie perfide travaille à désorganiser le monde et à faire battre les nations; jamais la contrebande de guerre n'a possédé tant de navires, avec un personnel si nombreux, si bien rétribué et tant de moyens d'action. *L'organisation professionnelle seule pourra empêcher la fabrication des armes, car, nationalement et internationalement elle pourra contrôler l'utilisation et la transformation des matières premières en engins de mort.*

Et voilà pourquoi l'organisation professionnelle est le seul programme rationnel d'évolution sociale moderne puisqu'il permet, suivant la loi naturelle du travail, et tout en respectant l'individualisme, de créer le nationalisme propre à chaque pays, ainsi que l'internationalisme, ou la famille des nations, sans distinction de race de croyance ou d'opinion, et d'anéantir, pour le plus grand bien des hommes, la toute puissance capitaliste, par la suppression de l'accaparement et de la spéculation.

(La représentation professionnelle)

L'organisation professionnelle, au point de vue social, a pour corollaire immédiat *la représentation professionnelle* au point de vue politique, seul mode de représentation populaire vraiment rationnel, qui permettrait dans la gestion des affaires publiques, par l'utilisation des compétences et la représentation des minorités, d'en finir avec le favoritisme et la politique de parti, et réhabiliterait enfin la stupidité profonde du suffrage universel actuel, par le moyen duquel le peuple-roi élit des hommes qu'il ne connaît pas pour se faire dicter des lois, *au lieu de les faire lui-même!*

Mais, j'ai déjà développé toutes ces questions, au cours de ma campagne électorale de 1914, à propos de la revision de la Constitution (1).

(Dissolution de la Chambre et révision de la Constitution.)

Vous voyez, Citoyennes, Citoyens, d'après les moyens que je viens de vous indiquer pour remédier à l'inflation, aux désastreux effets du change, et à la vie chère, qu'il est parfaitement possible et même facile de briser la toute puissance capitaliste,

(1) Pharasius — « Réorganisation Sociale ». En vente chez Paul Leymarie, Libraire-Editeur, 42, rue Saint-Jacques, Paris.

monstre redoutable en apparence, mais très aisément vulnérable au fond.

La situation, quoiqu'en disent les pessimistes, n'est donc pas désespérée en France, il s'en faut, et nous pouvons très bien nous tirer du pétrin dans lequel nos parlementaires nous ont fait tomber, à condition, bien entendu de nous débarrasser au plus vite de tous ces députés inféodés à la finance internationale et vendus à l'étranger.

Pour dissoudre la Chambre, malheureusement, nous n'avons à notre disposition que les deux moyens violents préconisés par les partis extrémistes avancés, c'est-à-dire le coup d'Etat ou la Révolution, aussi dangereux et inacceptables l'un que l'autre, puisqu'ils déclancheraient aussitôt la guerre civile dans le pays, et feraient le jeu de la finance internationale et de l'étranger : il ne nous est donc pas permis d'y recourir. Toutefois, comme nous ne pouvons pas laisser encore pendant trois ans nos représentants continuer leur œuvre de destruction, il nous faut absolument trouver un troisième moyen, non pas violent celui-là, mais pacifique et légal, pour purger la nation de ces indésirables.

Ce moyen, nous devons le chercher dans les lois organiques par lesquelles nous sommes régis, et, puisque nous savons que la Constitution de 1875 donne au Président de la République le pouvoir régalien de dissoudre la Chambre d'accord avec le Sénat, nous n'avons par suite qu'à l'obliger à user de son autorité et s'entendre avec les sénateurs pour sauver la patrie.

Pour l'obliger, rien de plus simple : une mise en demeure, étant donné la gravité des événements et le mécontentement général, un mouvement d'opinion publique, une pétition, des affiches, rien de plus; et nous sommes sûrs de réussir, parce que l'idée est plus forte que tout.

Tel est, Citoyennes, Citoyens, le moyen pacifique et légal que je vous propose pour sortir de la situation périlleuse dans laquelle nous nous trouvons, mais il faut aller vite et nous organiser sans tarder;

c'est ce que je viens vous proposer de faire, et voilà pourquoi j'aurai l'honneur de me présenter devant vos suffrages aux prochaines élections.

Mon programme sera le suivant :

Point de Coup d'Etat, point de Révolution, point de guerre civile; un mouvement d'opinion pour obtenir du Président de la République et du Sénat la dissolution de la Chambre; ensuite revision de la Constitution, basée sur l'organisation professionnelle et la représentation professionnelle, seules capables de refaire le nationalisme en France, sur le terrain économique, sans distinction de croyances ou d'opinions, et de créer un véritable internationalisme, d'après les intérêts communs des peuples unis entre eux, pour briser la toute puissance capitaliste, empêcher les guerres, et donner enfin aux hommes du travail, la liberté et la paix!

Vive la République transformée!

LA FIN D'UN RÉGIME

(Les élections.)

Les élections ont eu lieu le 3 et le 10 mai. Nous avons obtenu 113 voix au premier tour de scrutin, et 126 au second.

Il semble qu'il n'y ait pas lieu de s'enorgueillir d'un pareil résultat : nous sommes satisfait, cependant, étant donné le peu de moyens dont nous disposions pour toucher le public, puisque nous agissions seul, car il est évident que, si 126 citoyens ont bien voulu déposer notre nom dans l'urne au scrutin de ballottage, c'est que les 113 qui avaient voté pour nous au premier tour nous sont restés fidèles au second, et ont même décidé quelques autres électeurs à se joindre à eux. Nous avons donc été compris, nous n'en demandions pas davantage, nos efforts, par suite, n'ont pas été inutiles, et nous avons l'assurance que cette campagne individuelle portera ses fruits, comme celle de 1914, puisque notre idée *à nouveau* est partie.

(Le parlementarisme au-dessous de tout.)

Depuis, le temps a marché, nous sommes à l'aube de 1926, et le gâchis, dans lequel nos Parlementaires ont volontairement plongé le pays, n'a fait que s'accroître au lieu de diminuer.

Nous assistons, en effet, à ce spectacle vraiment renversant pour une démocratie de voir des élus *absolument incapables* de formuler un plan quelconque de redressement national.

Pour faire face à la situation, nos députés ne connaissent que deux moyens, l'*inflation* et l'*impôt*, et l'on se demande avec effarement les raisons de toutes les crises ministérielles qui ne font que se succéder, puisque tous les gouvernements au pouvoir ne trouvent rien de mieux, pour sauver la situation, que de renchérir uniquement sur les demandes d'inflation et d'impôts formulées par ceux qui les ont précédés : un ministère tombe parce qu'il réclame, par exemple, une inflation de trois milliards pour boucler le budget, celui qui le remplace en demande six et obtient un vote de confiance! C'est à n'y rien comprendre.

Bien mieux, le Parlement a osé infliger à la Nation — par conséquent à tous ceux qui ont fait la guerre — la honte de confier la direction des affaires publiques à des hommes tarés qu'il avait déjà été obligé de chasser ignominieusement de son sein, ainsi qu'à des profiteurs de la guerre!

Heureusement, pour la dignité nationale, que les nouveaux sauveurs, les génies, aux lumières de qui l'on faisait aussi cyniquement appel, non seulement n'ont pas été à la hauteur de leurs fonctions, mais ont fait preuve, même, de la plus complète incapacité, et ces transfuges de la finance internationale se sont écroulés piteusement, sous les huées publiques.

En désespoir de cause, et pour continuer malgré tout son œuvre de désorganisation scientifique de notre pauvre France — car personne ne nous fera croire que les députés sont si bêtes qu'on le dit, et nous persistons à affirmer que leur parfaite incapacité est *voulue*, parce qu'elle sert leurs coupables intérêts ainsi que les desseins inavouables de la finance internationale qui les a soudoyés — le Parlement aux abois a recours maintenant à *la temporisation*, qui est certainement, à l'heure actuelle, la plus dangereuse de toutes les politiques suivies, car, elle risque de nous faire entrer petit à petit dans un engrenage qui finira infailliblement par nous broyer, si nous n'arrivons pas immédiatement à nous dégager.

Quand on temporise, en effet, on attend, on ne fait rien : pendant ce temps le mal s'aggrave, et le remède qui pourrait guérir produit moins facilement son effet. C'est la politique suivie en ce moment : au lieu de confier la direction de la chose publique à des hommes d'action, énergiques et résolus, ayant réellement un programme ainsi que la volonté de l'appliquer, on choisit des incapables, grands parleurs, versatiles et impudents, qui cachent sous les plus beaux discours leur parfaite ignorance de toutes les questions, afin de gagner du temps.

(Inefficacité des impôts sur la fortune.)

Car, vraiment il faut être ignorant des principes les plus élémentaires de l'économie politique, comme le Parlement actuellement, pour s'imaginer qu'un impôt sur la fortune puisse être productif.

Premièrement, les capitaux s'évadent quand ils sont frappés, et aucune loi ne peut arrêter cette évasion, surtout dans un pays où la spéculation est officiellement soutenue et autorisée à la Bourse du Commerce, et des valeurs, quand les devises ou monnaies étrangères peuvent être achetées en n'importe quelle quantité par n'importe qui. Naturellement, les capitaux évadés échappent à l'impôt.

Secondement, il n'y a que celui qui ne peut pas cacher sa situation qui paie : avec un ensemble parfait, tous les industriels, commerçants, grandes sociétés, entreprises, etc..., n'accusent plus de bénéfices dans leurs bilans, et utilisent les sommes qu'il leur faudrait verser au fisc à des achats nouveaux qu'ils font figurer dans leurs frais généraux — agrandissements d'usines, machines, matériel, marchandises, matières premières, etc... — l'Etat ne touche rien, et ne peut rien dire, puisque les bénéfices qu'il comptait percevoir sont réellement dépensés.

Seuls, par contre, les rentiers sont obligés de payer : aussi, se hâtent-ils, de leur côté, quand ils le peuvent, d'acheter des terrains non bâtis, des bijoux et autres biens mobiliers, pour éviter la taxe, ou bien d'acquérir des immeubles, et, dans ce cas, ils font payer par leurs locataires les impôts qu'ils devraient eux-mêmes acquitter.

Il en est de même pour les successions : afin de ne pas payer des droits considérables — qui vont quelquefois jusqu'à 80 0/0 — les gens, de leur vivant, partagent tous leurs biens.

Du moment que la fortune est visée, elle s'évade ou se cache, c'est la ruine de l'épargne et du crédit, et l'impôt est nécessairement improductif puisqu'il ne peut se percevoir qu'en partie, et même pas du tout. L'histoire nous a appris, d'ailleurs, et nous le disions dans notre première Conférence, que les Juifs, au moyen âge, ont inventé *la lettre de change*, précisément pour ne pas se laisser dépouiller complètement par Philippe le Bel.

Ce n'est pas en procédant de la sorte qu'il est possible de combler les vides du trésor, surtout quand, par suite de la honteuse politique de favoritisme suivie par le Parlement, l'Impôt n'est payé que par une certaine catégorie de citoyens et non par tous.

Il faut trouver autre chose.

(L'impôt tue, la dette vivifie.)

Et l'on comprend alors toute la valeur de l'aphorisme de ce grand financier qui s'appelait Ouvrard « *l'impôt tue, la dette vivifie* » qui n'est pas une boutade, comme d'aucuns pourraient le croire, mais une vérité économique : *l'impôt tue,* parce qu'il fait disparaître les sources de la richesse, frappe et paralyse le plus important des moyens de production, cet outil de travail qui s'appelle le capital. *La dette vivifie,* parce qu'elle fait appel à la confiance et au crédit qui permettent de travailler facilement et avec profit. Mais Ouvrard ajoutait aussi « *n'empruntez jamais sans amortir* », car, pour que la dette vivifie, faut-il encore qu'elle soit garantie.

Allez donc dire cela à nos gouvernants actuels qui ne comprennent qu'une chose : l'*Etatisme,* c'est-à-dire la domination par le fonctionnarisme et la négation du travail!

***

(Suppression de l'Etat-Patron.)

Le principe de l'*Etat-Patron* est, au point de vue philosophie et économique une véritable absurdité, parce que si, d'une part, l'homme, sur la terre, est obligé de travailler pour vivre, d'autre part, comme le travail est fatigant, il ne fait d'efforts qu'autant qu'il y trouve son intérêt.

Ce principe a été admis par tous les économistes, et a donné naissance au *métayage,* autrefois, quand un propriétaire ne pouvait pas exploiter son bien tout seul; les Rois, également, sous l'ancien régime, l'ont si bien compris, qu'ils ont créé les *fermes générales,* avec des *fermiers généraux,* pour se débarrasser du souci d'administrer la chose publique et de percevoir l'impôt; les métayers, comme les fermiers généraux, prenaient les auxiliaires dont ils avaient besoin, et, comme ils étaient intéressés dans l'affaire, ils surveillaient attentivement leur exploitation exigeant de leur personnel, pour un minimum de dépenses, un maximum d'efforts : le travail était bien fait et ne coûtait pas cher.

L'Etat-Patron, lui, fait exactement le contraire : il assure la vie de ses fonctionnaires, mais ne les intéresse pas dans l'entreprise; aussi, ces derniers n'ont-ils qu'un souci *: travailler le moins possible,* puisque, qu'ils en fassent peu ou prou, leurs appointements ne changent pas, ils sont sûrs de ne jamais être renvoyés, et de toucher une retraite quand ils seront vieux.

La négation du travail est ainsi à la base du fonctionnarisme.

L'autoritarisme, à son tour, vient lui faire pendant : pour qu'il soit payé, il ne faut pas, évidemment, que la caisse soit vide, aussi le fonctionnaire fait-il tout ce qu'il peut — et il s'y entend — pour faire « cracher » le bon public, et, comme le Gouvernement, pour se maintenir au pouvoir, a besoin de tout son personnel, dont il augmente le nombre sans cesse, sans se préoccuper du budget, il lui laisse faire tout ce qu'il veut : aussi, la tyrannie des employés d'Etat est-elle particulièrement odieuse, l'arbitraire des agents du fisc est inouï, en ce moment, et, par-dessus le marché nous l'avons déjà dit, pour entretenir ces beaux messieurs, ce sont toujours les mêmes contribuables qui sont saignés à blanc.

Pour la même raison, on a dit avec justesse que l'armée était l'*école de la paresse :* tout comme chez les fonctionnaires, en effet, c'est, d'abord, la souveraine autorité et l'arbitraire des chefs qui sont tout-puissants, ensuite, c'est la négation du travail, parce-que le soldat qui est nourri, vêtu et couché, n'a qu'un objectif, lui aussi « *ne rien faire* » et, comme on dit dans le langage des troupiers, « *couper à la manœuvre et surtout à la corvée* », tant pis pour les camarades qui « *n'ont pas su se débiner* » !

En voilà une école de fraternité!

(Nécessité de changer de régime.)

Si la politique actuelle continue, la France est perdue : il est donc indispensable, si nous voulons subsister, que nous changions de régime.

Malheureusement, et nous l'avons déjà dit dans notre première conférence, nous n'avons que l'embarras du choix, et, pour nous débarrasser du *parlementarisme* il nous faut opter entre le *fascisme* ou le *communisme*, c'est-à-dire accepter l'une ou l'autre de ces deux dictatures!

Or, toutes les deux doivent être résolument écartées, parce qu'elles amèneraient incontinent une guerre civile qui mettrait le pays à feu et à sang, ferait le jeu de l'étranger, et, ce qui est encore plus important, n'améliorerait en rien la situation; pour nous en convaincre, effectivement, nous n'avons qu'à regarder chez nos plus proches voisins : dans les Etats à régime monarchique, les Rois jouent maintenant des rôles de second plan, la monarchie semble évoluer à reculons, et c'est un dictateur ou un premier ministre qui règne réellement, au grand mécontentement, d'ailleurs, des populations, parce que celui-ci ne travaille que pour une coterie, financière ou aristocratique, au détriment des intérêts de la nation : en Italie et en Espagne, les dictateurs sont les prisonniers des grandes banques, et le peuple est malheureux; en Angleterre, alors que des millions de tonnes de charbon s'amoncellent sur le carreau des mines, le Gouvernement préfère se ruiner en payant des indemnités de chômage à des millions de sans-travail plutôt que de baisser les prix de cet aliment de première nécessité, il s'ensuit que dans le Royaume-Uni, au dire des voyageurs, en dehors des *Palaces*, les hôtels ne sont pas chauffés! Le régime monarchique ou dictatorial n'a donc rien de séduisant, d'autant plus que dans tous les pays où il existe, *la vie est plus chère* qu'à Paris!

Quant au régime communiste, il est inutile d'en parler, parce que *la dictature du prolétariat* est une idée tellement contraire au bon sens qu'elle ne se discute même pas. La loi du nombre n'est pas toujours fatale en sociologie, *quoi qu'en dise Karl Marx*, puisque toujours les masses ignorantes ont été dominées et exploitées par d'intelligentes minorités; les démagogues, quand ils ne sont pas des rêveurs ou des utopistes, flattent le peuple uniquement pour s'emparer du pouvoir, ce sont de vulgaires arrivistes qui travaillent pour eux et non pour les foules, puisque ces dernières, tels *les moutons de Panurge*, sont stupides, ne comprennent rien, et suivent leur guide, le plus souvent sans savoir pourquoi!

A force de vouloir l'égalité pour tous, on finit par dire des bêtises, et ce ne sont tout de même pas des manœuvres qui pourront remplacer les ingénieurs dans les usines; il suffit, d'ailleurs, de jeter un coup d'œil sur la situation actuelle de la Russie, pour se faire une idée de ce que peut être une dictature d'ignorants : *les Soviets*, après avoir tout démoli, sont obligés, maintenant, de tout reconstruire, sur les mêmes bases et les mêmes plans qu'auparavant; ce n'était pas la peine, vraiment, d'avoir accumulé tant de ruines et fait couler tant de sang!

En sociologie, la loi naturelle d'*égalité générale* doit être tempérée par une autre loi naturelle qui est celle de l'*inégalité individuelle*, et l'erreur des utopistes de tous les temps a été de vouloir fonder le bonheur des hommes sur la suppression de la propriété, chose impossible, au lieu de combattre *le principe de domination.* Mais, nous avons traité de toutes ces questions dans un autre ouvrage (1).

(Difficulté de déclancher un mouvement révolutionnaire.)

Et, c'est bien parce qu'il faut choisir entre deux dictatures, qui répugnent l'une et l'autre profondément au pays, qu'un mouvement révolutionnaire est difficile à déclancher en ce moment, aussi bien par les adeptes du fascisme que par ceux du communisme. Les premiers, en effet, sont, en grande partie, des bourgeois, les seconds des ouvriers; dans les deux camps se trouvent également des anciens combattants; or, ni les uns ni les autres n'ont envie de se battre : les anciens combattants, d'abord, parce qu'ils savent, par expérience, ce que c'est qu'une mitrailleuse, un tank et un avion, et qu'ayant réussi à sauver leur peau de la grande fournaise de 1914-1918, ils ne tiennent aucunement à risquer de la laisser cette fois dans une émeute ou une insurrection; les bourgeois, de leur côté, sont gens timorés pour la plupart, n'aimant pas beaucoup les aventures, surtout quand il y a des horions sérieux à récolter — car il est évident que fascistes et communistes ne se feront point de quartier —; quant aux ouvriers, ce seront certainement les plus difficiles à faire marcher, parce qu'ils sont aujourd'hui dans une situation absolument privilégiée, et qu'ils ne savent pas du tout s'ils seront aussi heureux sous un autre régime : l'ouvrier a, pour ainsi dire réalisé sa révolution, il est devenu un bourgeois, à présent, pourquoi se battrait-il, puisqu'il est content?

Sans compter que tous les employés des services publics, des grandes administrations, ainsi que tous les fonctionnaires, petits et grands, ne voudraient pour rien au monde, eux non plus, changer de situation : jamais ils n'ont été traités de cette façon, ils reçoivent sans cesse de l'augmentation, touchent des *indemnités de vie chère,* des rappels leur sont même accordés ainsi que des gratifications, et ils font la loi à toute la nation.

(1) **Pharasius, L'Egalité Sociale. En vente chez Paul Leymarie, libraire éditeur, 42, rue Saint-Jacques, Paris.**

De même, jamais les agioteurs, spéculateurs et mercantis n'ont fait tant d'affaires : le Gouvernement ne surveille point leurs agissements!

Tous ces gens-là, certainement, verront d'un mauvais œil une Révolution.

(Ceux qui feront la Révolution.)

La Révolution ne pourra donc pas se faire, à notre avis, par un mouvement irrésistible et subit des masses populaires, mécontentes de l'ordre de choses établi, puisqu'une grande partie de la population profite, sans comprendre, des effets désastreux d'une politique qui va ruiner le pays — et elle en subira, alors, comme les autres, toutes les conséquences — mais elle se fera tout de même et sera l'œuvre, comme toujours, de la classe malheureuse en révolte contre ses oppresseurs; et cette classe se compose aujourd'hui de tous ceux qui sont obligés de payer l'impôt, tandis que d'autres ne le paient point, et font seuls les frais de toutes les dépenses de l'Etat.

Et la Révolution, ainsi qu'un changement de régime, sont inévitables et même nécessaires, par la force des choses : car ils seront provoqués par la faute, précisément, de ceux qui dirigent les affaires publiques, puisque ces derniers, au lieu de défendre les deniers de l'Etat qui les fait vivre eux et leurs partisans, sont en train de se suicider eux-mêmes en essayant de tuer la poule aux œufs d'or — il est vrai que la plupart d'entre eux ont déjà leur fortune faite et qu'ils l'ont même prudemment mise à l'abri!

De même que la Révolution de 1789 a été l'œuvre du Tiers-Etat qui s'est dressé devant la Noblesse et le Clergé pour réclamer l'égalité devant l'impôt, de même l'*égalité devant l'impôt* va déclancher la Révolution de demain, ainsi que le changement de régime qui s'ensuivra fatalement : de sorte que, ce ne seront pas les prolétaires qui feront la nouvelle Révolution, puisqu'en France les ouvriers sont maintenant des bourgeois, ce seront, comme en 1789, tous ceux qui paient l'impôt, alors que d'autres en sont exempts, qui se dresseront contre l'Etat; et ils seront aidés par tous les citoyens, à quelque classe qu'ils appartiennent, qui en ont assez de voir leur pays vendu à la finance internationale et à l'étranger par les coquins au pouvoir, et entendent que la France victorieuse reprenne dans le concert des nations la place à laquelle elle a droit.

La nouvelle Révolution renversera donc le despote actuel, le tyran, ce monstre dangereux et stupide qui s'appelle l'Etat-Patron.

Que de richesses alors pour la France, quand les monopoles avec les grandes entreprises de l'Etat, ainsi que notre domaine colonial, pourront être exploités *suivant une méthode rationnelle!*

(La Révolution pourra être pacifique.)

Ce changement de régime pourrait fort bien s'accomplir pacifiquement, et il n'est pas besoin d'aller chercher un nouvel *Hercule* — d'ailleurs le trouverait-on? — pour détourner le lit de la Seine afin de nettoyer le Palais-Bourbon, il suffirait que les intellectuels, les Chambres de commerce, les Syndicats patronaux, les Sociétés de production et de consommation, les organisations de défense d'intérêts généraux, etc... voulussent bien se donner la peine *de s'unir entre eux* pour déclancher un mouvement formidable d'opinion qui aménerait fatalement *la dissolution de la Chambre* et *la révision de la Constitution* que nous ne cessons et n'avons cessé de demander depuis 1911, tant au cours de nos campagnes électorales que dans nos écrits.

***

(Le régime nouveau.)

Mais, comme il n'est pas possible, d'après les lois de l'évolution des peuples, qu'un régime qui a déjà été changé parce qu'il n'a pas été trouvé bon puisse se substituer à celui qui l'a remplacé, et qui commet à son tour exactement les mêmes fautes que lui, ce n'est plus une forme impérialiste ou monarchique qui pourra, dès lors, remplacer le parlementarisme abattu, mais bien un *régime nouveau, un régime qu'on n'a pas encore vu.*

Ce régime nouveau, suivant nous, ne pourra être que celui de *la représentation professionnelle,* une fois que l'organisation professionnelle de la nation aura pu s'accomplir.

Et nous ne craignons pas d'affirmer que ce *régime rationnel* sera celui de demain, parce que c'est le seul qui puisse reformer *le nationalisme* en France, sans distinction de croyances ou d'opinions, et préparer l'avênement du *véritable internationalisme* basé sur la communauté des intérêts réciproques, devant amener la paix dans le monde et le bonheur des peuples unis dans le travail !

(Un programme national.)

Car, ce n'est qu'avec *le régime de la représentation professionnelle,* qui pourra seul élaborer un *plan d'action vraiment national,* que la France pourra se dégager de l'étreinte de l'Angleterre et de l'Amérique qui pèsent sur elle de tout leur poids pour la faire périr.

(Danger de l'étalon or.)

Cette étreinte est celle *du change :* il s'agit, pour ces deux nations de proie, de nous réclamer le paiement de notre dette *en or* et de faire baisser *le franc,* et de l'empêcher de remonter par tous les moyens, pour nous imposer la servitude économique.

C'est de cette façon, d'ailleurs, que l'Angleterre, en exigeant des Hindous un tribut payable en or, et ceux-ci peuvent s'en procurer difficilement, a toujours dominé et ruiné les Indes.

Il est évident, dans ces conditions, que la théorie du *franc-or,* dont on ne cesse de nous rabattre les oreilles en ce moment comme seule capable d'amener *la stabilité de la monnaie,* dit-on, est tout à fait préjudiciable à nos intérêts, au contraire, mais sert admirablement, par contre, ceux de nos anciens alliés.

Pour stabiliser le franc, on ne peut faire autrement que de déclarer que le billet de cent francs, par exemple, ne vaudra plus demain que vingt francs : mais, alors, c'est une faillite non déguisée; le remède, dans ces conditions, est pire que le mal, et ne peut être proposé que par des ignorants, ou des suppôts du capitalisme international, car il est bien évident qu'une fois la ruine de la petite épargne consommée par la diminution de la valeur des billets, seuls les riches, c'est-à-dire ceux qui posséderont l'or pourront vivre et dominer.

D'autre part, pour avoir de l'or — puisque nous n'en avons que fort peu — il faudra en acheter, évidemment, à ceux qui en possèdent, c'est-à-dire dans l'occurrence à l'Angleterre et à l'Amérique sous forme d'emprunt étranger : nous deviendrons alors des esclaves, obligés de travailler pour le compte de nos créanciers, et sans avoir la possibilité de nous relever, parce que les sommes représentant les intérêts que nous serons obligés de leur verser ne seront plus consommées ou dépensées en France — comme il arrive dans le cas d'un emprunt national — mais seront exportées à l'étranger, chez ceux qui nous auront prêté, et serviront alors à augmenter leur puissance à notre détriment.

Pour se convaincre de cette vérité il suffit de regarder la situation actuelle de l'Allemagne, vassale des Anglais et des Américains.

Et cette théorie du relèvement par *la stabilité de la monnaie,* en outre, est fausse absolument, puisque tous les petits Etats qui ont voulu assurer la stabilité de leur monnaie en revenant à l'étalon-or sont aujourd'hui ruinés, se trouvent sous la domination de l'étranger, et n'ont plus de crédit : on est d'ailleurs obligé de se rendre à cette évidence que, dans tous les pays, *sans exception,* revenus à la monnaie-or, comme l'Amérique, l'Angleterre, l'Allemagne, la Hollande, la Suisse, la Hongrie, la Pologne, l'Italie, etc... *la vie est plus chère qu'à Paris!*

Les prix des marchandises auraient dû baisser cependant, puisqu'ils n'étaient montés qu'en raison de la dépréciation monétaire causée par l'inflation; *au lieu de diminuer ils ont augmenté,* au contraire : la théorie de la stabilité de la monnaie est donc fausse, absolument!

Il serait par conséquent criminel de risquer de ruiner le pays en stabilisant le franc, du moment que l'on n'arrive pratiquement pas, par ce moyen, à faire baisser le prix de la vie.

La théorie du *franc-or* est une émanation de la finance internationale dans le but évident de ruiner les peuples pour s'emparer de leurs dépouilles.

Sans compter que, chez nous, nous n'avons pas à nous occuper de l'étalon-or, puisque notre étalon est *l'argent,* à moins de jeter par-dessus bord toute tradition et dignité nationales, et détruire de fond en comble tout l'édifice de notre système monétaire : l'Angleterre nous a déjà demandé d'abandonner notre *méridien* pour le sien, faut-il encore, pour lui faire plaisir, changer notre étalon-argent, pourquoi pas aussi notre système métrique?

Il ne faut pas oublier, d'autre part, que si l'Angleterre, le Brésil, le Portugal, la Russie, etc... ont l'étalon-or, et la France, la Suisse, l'Italie, la Belgique, etc... l'étalon-argent, tous les pays ont, en fait, le double étalon or et argent; la proportion monétaire entre l'or et l'argent varie naturellement suivant le cours de ces deux métaux et l'alliage des pièces, et cette variation réglemente le change dit des monnaies : adopter l'étalon-or ne signifie en somme pas autre chose que revenir à la valeur de la monnaie avant sa dépréciation, c'est-à-dire supprimer la perte au change des billets par la faillite!

Enfin, par ce moyen, le but de rendre à la monnaie sa stabilité ne serait pas atteint, puisque dans les pays où l'or est en excédent, comme en Amérique, *il perd de sa valeur!*

L'or n'a donc lui aussi, comme tout ce qui est humain, qu'une valeur fictive et conventionnelle.

(Création d'un papier-monnaie à change fixe.)

Au lieu de chercher à stabiliser le franc, il faudrait s'efforcer de le faire remonter, au contraire, et, puisque nous n'avons plus d'or, c'est-à-dire de base fixe — pour parler comme tout le monde — pour nos échanges commerciaux, et que nous ne pouvons pas nous en procurer sans nous ruiner, il faut absolument que nous trouvions à meilleur compte une autre monnaie qui puisse remplir un rôle identique.

Or, *nous pouvons très bien en fabriquer une qui ne nous coûtera rien,* c'est pourquoi nous avons proposé, dans notre dernière conférence : l'union entre tous les pays à change bas, victimes comme nous de la guerre, la création d'un papier-monnaie à change fixe pour nos échanges commerciaux réciproques, et l'organisation d'un Office pour le commerce extérieur devant servir de Chambre de compensation entre les Etats-Unis nouveaux (1).

Nous savons, en effet, qu'il n'y a pas que l'or et l'argent qui peuvent servir de garantie à une émission de billets : nous pourrions parfaitement gager le nouveau papier-monnaie sur *la valeur de nos usines,* par exemple, *ou de nos propriétés.* Et les industriels du Nord ne viennent-ils pas spontanément de se mettre généreusement à la disposition de la nation pour l'aider à sortir de l'impasse actuelle!

L'industrie française consentirait d'autant mieux à laisser hypothéquer ses usines — et son exemple pourrait être suivi par les propriétaires fonciers — qu'elle recevrait en échange, pour ses besoins, un papier de premier ordre, ayant de la stabilité puisqu'il se négocierait au pair : et la spéculation n'aurait aucune prise sur la monnaie nouvelle puisque son cours serait fixé par une convention passée entre tous les Etats de la nouvelle Union.

C'est alors que vous verriez, comme l'on dit en langage de Bourse, *dégringoler la livre et le dollar,* et *remonter le franc* ainsi que toutes les monnaies dépréciées des petits pays ruinés!

N'oublions pas, surtout, que *ce système est infaillible,* il a déjà fait ses preuves et c'est pas nouveau : c'est lui qui a permis à l'Angleterre d'échapper à l'étreinte mortelle de Napoléon, en obligeant l'Empereur d'abdiquer en 1814! (2)

Comme vous voyez, le remède est bon.

(*Banques professionnelles.*)

Ce sont surtout *l'accaparement* et *la spéculation* qu'il faut combattre, véritables auteurs de *la vie chère,* par les agissements criminels des financiers internationaux, aussi bien en Angleterre, en Amérique, qu'en France ou ailleurs, que les peuples aient l'étalon-or, ou argent, ou même pas d'étalon du tout

(1) Voir page 69.

(2) Voir page 22.

comme les sauvages qui sont, eux aussi, odieusement exploités par des mercantis.

Dans notre dernière conférence nous avons donné le moyen d'abattre la toute-puissance du capitalisme international, par la transformation des Sociétés de crédit et des grandes banques actuelles en *banques professionnelles* (1), seul moyen d'empêcher l'évasion des capitaux, et de conserver la fortune publique pour faire servir les ressources nationales exclusivement aux besoins économiques du pays : aussi ne reviendrons-nous point sur cette question,

(*La liberté des transactions*)

non plus que sur la loi économique de *la liberté des échanges et des transactions* qui peut être considérée comme l'application du principe de physique *des vases communicants* dans tous les pays en relation les uns avec les autres (2) : la liberté seule, effectivement, détermine *la libre concurrence,* fait baisser les cours les plus hauts, remonter les plus bas, et les prix moyens qu'elle établit sont basés sur la valeur réelle des marchandises, *pour le plus grand profit du consommateur.*

⁂

(La loi d'évolution.)

Il est bien évident que, si la France, malgré sa faiblesse, son manque de préparation et ses erreurs, est sortie victorieuse de cette effroyable guerre de 1914-1918, qui a dépassé en horreurs tout ce que les peuples, à travers les âges, ont connu, c'est que *cela devait arriver* ou que *c'était sa destinée:* ainsi dirait un fataliste. Mais, comme nous savons que ce n'est pas en vain que le destin nous est favorable, puisque tout ce qui vit est soumis à la loi de l'évolution, et *qu'il y a certainement pour cela une raison,* cherchons, du moins, le pourquoi de cette faveur insigne.

La France ne pouvait pas périr parce qu'il lui

(1) Voir page 83.

(2) Voir page 73.

reste encore une mission à remplir : foyer des idées généreuses, éprise d'idéal, aimant la liberté — et, si nous étions un littérateur, nous pourrions nous étendre longuement sur son action bienfaisante et civilisatrice à travers le monde, ainsi que sur le rayonnement de son intellectualité, — elle doit à présent donner l'exemple, et préparer l'avènement d'une nouvelle ère de paix dans l'humanité.

Cet exemple, elle le donnera, croyons-nous, par la transformation de sa Constitution politique qui lui permettra d'entretenir avec ses voisins des rapports économiques tellement étroits et confondus, par la similitude de leurs intérêts communs, que *la guerre ne sera plus possible.*

Suivant la loi de l'évolution, en effet, *de l'excès du mal doit sortir le bien,* et c'est pour cette raison que la guerre, autrefois, a été le plus précieux auxiliaire de la civilisation; les grands capitaines étaient des instruments choisis par le Destin, et, quand ils conduisaient leurs hommes, ou leurs hordes, au combat, ils ne faisaient que réaliser ses desseins, c'est-à-dire faire s'entre-pénétrer des races diverses ayant des coutumes, des mœurs, des arts inconnus ou différents : c'est ainsi qu'ALEXANDRE, sans remonter plus haut dans l'histoire des peuples, mit en rapport l'Asie avec l'Occident, que CÉSAR introduisit dans les Gaules tout le savoir des Romains, que les conquêtes et les incursions des ARABES, ainsi que les CROISADES, firent se connaître l'Orient et l'Occident, que BONAPARTE, enfin, général de la Convention, avec les Sans-culottes, soldats par prédestination, promena victorieusement à travers l'Europe l'idée républicaine de la Révolution et le mot *liberté* poussé par ses légions.

La guerre, aujourd'hui, est devenue tellement monstrueuse et horrible, ses ravages sont si effrayants, que la raison humaine terrifiée n'en veut plus, et cherche par tous les moyens à se prémunir contre son retour possible : déjà, la Société des Nations a été fondée avec institution de l'arbitrage pour régler les différends; le principe de la liberté des peuples à disposer d'eux-mêmes a été admis, et les guerres dites de conquête sont devenues, par suite, pratiquement imposibles; on demande de plus en plus la réduction des armements, etc...

Tout cela est très bien, et l'on ne peut qu'applaudir, après tant de siècles de carnages et de meurtres, à cette nouvelle évolution de l'humanité dégoûtée vers un internationalisme bien compris basé sur la fraternité; deux obstacles qui semblent insurmontables se dressent, cependant, pour empêcher la réalisation de ce bel idéal : ce sont *la domination de la finance internationale*, d'une part, et *le fanatisme religieux*, d'autre part, qui sèment, partout où il y a des hommes, la confusion, le désordre, la haine et la désunion.

Voilà les deux ennemis implacables, les deux monstres redoutables, qu'il appartient à la France, aujourd'hui, de combattre et d'anéantir.

Car, la guerre, de son côté, elle aussi a évolué : elle n'exerce plus, comme avant, ses ravages sur des territoires conquis ou occupés, en faisant se massacrer par millions des êtres qui ne se connaissaient pas et ne demandaient qu'à vivre, ses champs de bataille sont maintenant *les Bourses* de toutes les contrées, et, par l'accaparement, par la spéculation, par le jeu des intérêts, par le change, le capitalisme international ruine les petits — et ce sont les plus nombreux — pour s'emparer de leur fortune, les condamne à la misère et les fait mourir, dans le monde entier.

Quant au fanatisme religieux, il empêche, systématiquement, par son intransigeance, les hommes de se connaître, de s'apprécier et de s'aimer.

C'est à la France qu'est réservé l'honneur de *bouter hors du monde* ces deux ennemis du genre humain.

Telle est sa mission : et les intellectuels, les savants, les philosophes, ainsi que les hommes de bonne volonté qui viendront contribuer à son œuvre splendide de réalisation d'une universelle fraternité, seront aidés et soutenus par la force invisible non seulement *des poilus* qui ont versé leur sang pour la patrie afin de sauver le monde de l'esclavage et du déshonneur, mais encore de tous ceux, *amis ou ennemis,* qui sont morts à la guerre et ont souffert comme eux, car notre mère *la Nature* ne connait point les nationalités, ni les races, et tous les hommes sont ses enfants.

Le sang versé par tous doit servir à nous faire

tous évoluer; *du mal doit sortir le bien;* et les humains sont nés pour vivre, dans la paix, sous le même Soleil.

C'est par la douleur que le monde progresse, dit encore LA SAGESSE DES ANCIENS (1).

Alors nous comprenons la mission de la France donnée par le Destin, car elle est la plus digne, la plus évoluée, pour remplir cette tâche : elle est la plus meurtrie, ayant le plus souffert!

(1) Pharasius, UN COIN DU VOILE, étude philosophique sur la recherche de la Vérité. En vente chez Paul Leymarie, libraire éditeur, 42, rue Saint-Jacques, Paris.

TABLE

Paris. — Imp. RAMLOT et Cie, 52, avenue du Maine. — 26

www.ingramcontent.com/pod-product-compliance
Ingram Content Group UK Ltd.
Pitfield, Milton Keynes, MK11 3LW, UK
UKHW020923180726
13838UKWH00002B/717